はじめの一歩は自社を知る事
～企業の健康度を見える化し職場を活性化～

健康経営
はじめの一歩

愛知県立大学 看護学部教授　岡本和士

国立健康・栄養研究所
健康増進研究部 協力研究員　高山光尚

従業員の健康保持・増進を行うことは、財務諸表には直接的に表れない企業の「見えない体力」を磨き上げることができます。つまり、企業が所有する人財という資産の価値を高めることができます。

学術研究出版

はじめの一歩は自社を知る事
～企業の健康度を見える化し職場を活性化～
健康経営はじめの一歩　目次

第1章　今、なぜ健康経営なのか？
- 1-1 企業を取り巻く環境と課題 ………………………………… 2
- 1-2 健康経営の原点となった調査結果 ………………………… 3
- 1-3 健康経営とは何？ …………………………………………… 5
- 1-4 健康経営の考え方 …………………………………………… 6
- 1-5 健康経営の本質は安全配慮義務（健康配慮義務）………… 7
- 1-6 健康経営を実施しない、すなわち「安全配慮義務」を怠ると
  ………………………………………………………………… 9
- 1-7 人と組織の潜在能力を生かす健康経営 …………………… 13
- 1-8 健康経営の最大のターゲットは中小企業 ………………… 15
- 1-9 企業の「見えない体力」を磨く ……………………………… 19

第2章　活躍する社員を増やす
- 2-1 活躍する従業員を増やすワーク・エンゲージメント …… 28
  ―従業員の能力が発揮できる、活き活きと働くことのできる状態とは？
- 2-2 組織を活性化するには？ …………………………………… 30
  ―ポジティブな感情がストレスを打ち消す
- 2-3 人と組織の潜在リスクを可視化 …………………………… 31

第3章　自社の健康状態を知る
- 3-1 健康度評価とは ……………………………………………… 38
  ―アセスメント内容（各出典）

3-2 はじめの一歩は、自社を知ること ………………… 39

第4章　自社の健康課題を知る
4-1 自社の健康課題は何か？ ……………………………… 46
　- 健康度調査から得られたエヴィデンスの提供とその利用方法について
4-2 健康不調について ……………………………………… 47
4-3 食行動について ………………………………………… 58
4-4 身体活動について ……………………………………… 62
4-5 飲酒について …………………………………………… 64
4-6 喫煙について …………………………………………… 68
4-7 睡眠について …………………………………………… 73
4-8 精神健康度（ストレス）について …………………… 81
4-9 仕事についての評価 …………………………………… 95
4-10 フローマネージメントについて …………………… 113
4-11 生産性評価について ………………………………… 120
4-12 損失の可視化 ………………………………………… 126
4-13 損失の可視化方法について ………………………… 128
　- 睡眠障害による損失 ………………………………… 130
　- 睡眠障害による損失睡眠度と生産性 …………… 131
　- 病欠による損失 ……………………………………… 133

第5章　可視化から導き出す改善ポイント
―従業員の健康不調を点数化することで生産性への影響度を可視化―
　事例 1. 精神健康度について（高ストレス） ………… 138
　事例 2. 睡眠不調による生産性低下 ………………… 140
　事例 3. 職業別における課題 ………………………… 142

事例 4. 病欠率と生産性 ……………………………145
　　事例 5. 精神健康度と病欠 ……………………………147
　　事例 6. コミュニケーション不足 …………………………149

第6章　中小企業の健康経営推進に向けて
　1. 健康経営アドバイザー……………………………………152
　2. あいちヘルスアップコンソーシアム……………………155
　　- あいちヘルスアップコンソーシアムの設立目的…………157
　　- あいちヘルスアップコンソーシアム体制図………………161
　　- 本コンソーシアムの実践方法 ………………………162
　　- 本コンソーシアムから得られる効果 ………………162

第7章　健康経営の取り組み（参考資料）
　実務におけるストレスチェックの運用と課題 …………………175
　　- ストレスチェックと面接指導の実施に係る流れ ………178
　　- 高ストレス者を選定するための方法 ………………179
　　- ストレスチェック制度の課題 ……………………188

おわりに……………………………………………………………193

※「健康経営」はNPO法人健康経営研究会の登録商標です。

CHAPTER 1

今、なぜ健康経営なのか？

1-1 企業を取り巻く環境と課題

> **少子高齢化による労働人口の減少**
> 　高齢者の健康障害
> **一人職場、個人への責任負担**
> 　➡個人に対する（能力を超えた）作業負担の増加
> 　➡過重労働によるメンタルヘルス不調者の増加
> **生活習慣病の増加等による医療費の増大**

> 過重労働によるメンタルヘルス不調者の増加
>
> 職務意欲の低下、労働生産性の低下
>
> 企業収益の減少

　従業員を事故や病気で失うリスクは、極めて大きな経営課題となっています。

　健康生産性管理（health and productivity management）の名称で、欧米では従業員の健康が経営に及ぼすリスクについて20年近く研究されています。

　漏洩対策、内部統制、BCP（事業継続計画）……。

　これまで企業の情報システムは、企業を取り巻くあらゆるリスクを可視化し、軽減させる役割を担ってきました。だがその実、企業の根幹である人財を病気や事故で失うリスクについては、見過ごされてきました。

　従業員の健康保持・増進を行うことは、医療費の適正化や生

産性の向上、さらには企業イメージの向上等につながることであり、そうした取り組みに必要な経費は単なる「コスト」ではなく、将来に向けた「投資」であるととらえることも可能です。

1-2 健康経営の原点となった調査結果
ー事業主に対する実態調査は従業員の健康状態を反映していないー

1) 実施時期：調査時期：平成 22 年 10 月
2) 対　　象：A 保健所管内の事業所の全事業主との従業員全員
3) 配布数と回収率

	事業主	従業員
配布数	111 事業所	11,000 名
回収数	44 事業所	2,222 名
回収率	39.6%	20.4%

健康状態の把握状況

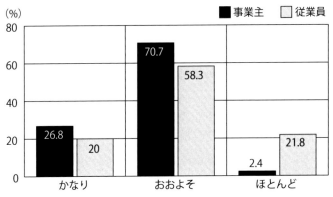

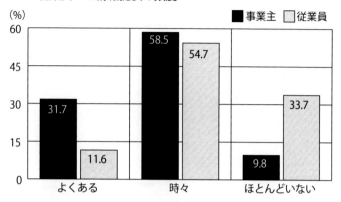

従業員への情報提供の頻度

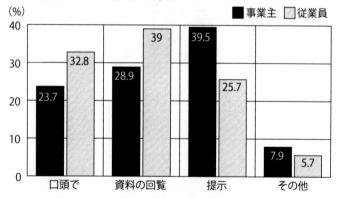

従業員への情報提供の方法

　事業主と従業員様では、健康状態の把握状況や情報の提供の程度の認知度に関して差が認められました。健康状態の把握に関しては、事業主と従業員様とも約9割が健康診断結果からと答えていました。その他「朝礼」や「声かけ」に関しては、事業主様と従業員様で顕著な差が認められました。これまでの、職

域に関する事業所の実態を調査する場合には、主に事業主を対象に行われ、その結果から事業場における健康状態が評価されてきました。しかし、本結果において、事業主と従業員の間に結果の乖離が認められたたのみでなく、提供の頻度およびその方法についても同様に乖離が認められました。

　これらの結果から、事業主が従業員の健康状態について十分把握がされていないこと、情報提供の頻度や提供方法など健康管理の実践方法についても、必ずしも従業員の捉え方と一致していませんでした。したがって、事業主の視点から従業員の健康状態やそれを維持・向上させる方法を立案企画するのでなく、常に従業員の立場に立って健康状態の把握や健康管理の実勢を行う必要性を示唆した結果です。

1-3　健康経営とは何？

　　　健康経営とは「業務と健康管理を一体化させること」
　　　　　　　ー健康管理なくして利益なしー

　1980年代に米国の経営心理学者のロバート・ローゼン氏によって「健康な従業員こそが収益性の高い会社をつくる」という"ヘルシーカンパニー"思想が提唱されました。

　健康経営とは「社員の健康を重要な経営資源と捉え、健康増進に積極的に取り組む企業経営のスタイル」のことです。
　従業員や生活者の健康が企業および社会に不可欠な資本であることを認識し、従業員への健康情報の提供や健康投資を促すしくみを構築することで、生産性の低下を防ぎ、医療費を抑え

て、企業の収益性向上を目指す取り組みを指すとしています。

　全ての企業活動は従業員の健康のうえに成り立つという真理に正面から向き合った考え方。すなわち『従業員の健康第一』という考え方であります。
　加えて、「従業員は健康で働き続けるのが当然」というのはすでに幻想となっています。ビジネスの中心に健康を位置づけ、それを大事にします。
　社員の健康なくして、企業の繁栄はありません。

1-4　健康経営の考え方

○「健康」は、「身体の健康」ではなく、「身体と精神の健康」です。
○従業員の健康管理を、「コスト」ではなく、「投資」として捉えます。
○従業員の健康管理に対して、「個人任せ」ではなく、「企業として」取り組みます。
○従業員の健康増進を、企業の「経営課題」として捉え、戦略的かつ積極的に推進します。
○従業員の健康増進によって、「生産性の向上」等を目指し、「企業の成長」を追求します。
○労働安全衛生法に定められた健康管理の水準を満たすことは大前提として、それをより効果的なものにすると同時に、個々の企業の状況に応じたプラスアルファの取り組みを実施します。

日本政策金融公庫　総合研究所：日本公庫総研レポート
No.2015-6より抜粋

1-5　健康経営の本質は安全配慮義務（健康配慮義務）

　健康経営の主な目的に「常に労働者の健康状態を把握し、健康状態を低下させないように労働者の健康増進に努めること」とあります。

　したがって、これは事業主が行うべき「安全配慮義務（健康配慮義務）」そのものです。

　すなわち、安全配慮義務とは現在の業務を継続させることにより何らかの健康障害が予見される場合には、それを回避する手段を講じなければならないことです。

　したがって、目に見えた健康障害が発生しなくても、健康状態を維持・向上させ健康障害の発生を未然に防ぐことも安全配慮義務（健康配慮義務）といえるため、これが健康経営の本質といえるものです。

⬇

　健康経営とは安全配慮義務を遂行することにより、「労働者が健康で働ける職場づくり」を推進することにほかならず、「ヘルスカンパニー」すなわち「社員の健康管理と企業経営を一体とする考え方を導入する企業づくり」のことです。

＜参考＞労働者が健康で働ける職場づくり」のために事業主が負うべき責務とは

企業の目的：「労働生産性を高め、経営状況を向上させること」

⬇

労働生産性を高めるためには、労働者が健康であることが必要不可欠

⬇

労働者の健康にかかわる経営リスクの把握が必要
➡「労働安全衛生法の３管理の１つである健康管理、労働契約法の安全配慮義務等の法令遵守」

「健康であることは労働者本人の労働に対するモチベーションを高め、ひいては労働生産性の向上にもつながる」

⬇

企業主の責務：『常に労働者の健康状態を把握し、健康状態を低下させないように労働者の健康増進に努めること』

1-6 健康経営を実施しない、すなわち「安全配慮義務」を怠ると

　企業には従業員を業務に従事させるにあたって、過度の疲労や心理的負担をかけて従業員の心身健康を損なうことがないように注意する義務があります。これを安全配慮義務といい、企業は雇用契約により従業員を管理し労働力を得ている以上、その過程での心身の健康についても管理する義務を負うというのが判例上の解釈です。

<参考>安全配慮義務を怠ると

①刑事責任：刑法に基づく刑事罰
　　　　　　業務上過失責任　労働安全衛生法違反、労働基準法違反
②民事責任：民法に基づく損害賠償
③行政責任：関係法に基づく, 指名停止や営業停止処分
④社会責任：訴訟等の準備に伴う経済的・時間的損失　社会的信頼の失墜→倒産の危機に

　安全配慮義務を怠ったことにより発生した労働災害を被った労働者・遺族から「安全配慮義務」という信義則上の義務違反を根拠として、使用者に対する数億単位での損害賠償が請求されます。

　安全配慮義務の責任を負う範囲は、雇用主として民事上の安全配慮義務を負う使用者に加えて、権限委譲を受けた履行補助者事業所長（工場長）、部長、課長、係長など）も安全配慮義務の遂行責任を負います。

過去の「安全配慮義務違反」による損害賠償例

事件名	裁判所	賠償額・和解額
電通過労自殺事件	最高裁	1億6,800万円
システム・コンサルタント事件	最高裁	3,200万円
南大阪マイホーム・サービス事件	大阪地裁	3,960万円
アテスト(ニコン熊谷製作所)うつ病自殺事件	東京高裁	2,488万円

事故の態様	年	業種	判決容認額
異動後の過重な業務による脳内出血で意識障害	2008年	精密機器製造	1億9,800万円
支配人(名ばかり管理職)が過労により意識不明	2010年	レストラン	1億9,400万円
木材積込み作業中、チップ原木が落下し1級障害	1994年	木材加工販売	1億6,500万円
過剰な長時間労働によりうつ病となり自殺を図り死亡	2000年	広告代理店	1億6,800万円
研修医が過剰な勤務により過労死(急性心筋梗塞)	2004年	大学病院	1億3,500万円

「健康経営」の導入により生じるメリット

従業員への健康状態の配慮あり

個人：良好な健康状態の保持

モチベーションの向上、欠勤率の低下

労働生産性の向上
事故、労災の発生防止

企業：企業の利益向上ヘルシーカンパニー」としての企業ブランドの向上

企業の信頼度の向上
優秀な人材をリクルートしやすい

★導入しないことにより生じるデメリット

従業員の健康状態の配慮なし

健康状態にかかわらず、利益を上げるための叱咤、追い込み

職務意欲の低下、業務への不満

業務の質の低下
事故、労災の発生

企業収益の減少（給料の減額等）

健康経営を進めるために必要な条件

　従業員が「事業主」や「企業」と気兼ねなく話せる場所や機会を作ること。

　事業主と従業員の健康管理に関する実態調査の中で結果から、現在特に困っていることについて、事業主は「こころの健康」従業員では「生活習慣病」がもっと多くさらに、従業員が希望する支援内容で最も多かった項目が「相談場所」でした。

　近年生活習慣病の背景には「ストレス」が原因であることが散見される。つまり、高血圧や糖尿病のなどの生活習慣病は「ストレス」が表在化されたものと推測されます。健康経営を行う場合、従業員の持つ個人や職場に対するストレスが本人に職務意欲の低下を引き起こします。ひいては労働生産性の低下につながります。それが事業主が問題が「こころの健康」にあることに気づいているので、積極的に従業員のストレスに向き合う体制づくりをすることが健康経営を進めます。

現在特に困っていることについて

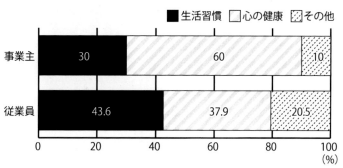

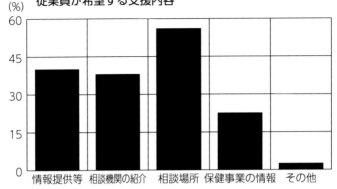

従業員が希望する支援内容

1-7 人と組織の潜在能力を生かす健康経営

　企業にとって最も大切なのは人財。それは、ほとんどの経営者が理解しています。ですが、業績の低迷や信頼関係の希薄さなどにより、目先の数字に捉われ、いつの間にか従業員に無理を強いがちになります。

　仕方がない反面、結果的に大事な人財が、十分に能力を発揮できず、結局は、生産性を落とすことになります。

　長時間労働によって、売り上げをカバーしようとするなら、それは経営全体でみれば対症療法でしかありません。それよりは、健康経営がもたらす職場の活性化、生産性向上に目を向け取り組むことで、深刻な病魔に侵されてしまうことを防ぎます。

　職場環境改善は、ストレス関連疾患予防とともに生産性向上に有効であることを示す科学的根拠が集積しており、メンタルヘルス対策のみならず、労働者の健康向上を目指す方策の世界

的潮流となっています。

　世界保健機関（WHO）は、労働者の健康に寄与した職場環境改善について世界各国の事例を積極的に収集し、支援ツールや好事例の提供を行っています。

　あいちヘルスアップコンソーシアムの企業健康度評価は、従業員の心身の健康状態と属性を評価することで、健康増進や職場環境改善のための具体的な改善項目を抽出するヒントとなり、改善活動の指標となります。その職場の有害要因を同定し、なくす（減らす）、もしくは、好ましい要因を増加させる等の改善を行うものです。

「人と組織の能力を活かしきれない」現実

　行き過ぎたスピード、デジタル重視のマネジメント・スタイルは、管理する側からの効率化には有効であったといえますが、一方では、働く人のやる気と創意工夫、さらには経営の一体感を減退させたと考えられます。

　現在は、非正社員の増加、個人の価値観の多様化や就業意識の変質が進む中で、それぞれの企業が社員と共有すべき価値観と知の体系が失われてしまっていると考えられます。現実に、「職場の人間関係への不安感」、「やりたい仕事ができない諦め」「会社（自分）の将来が見えないとの漠然とした不安」を感じる社員が年々多くなってきており、さらに定職に就かない若年層の存在（約240万人のニートやフリーター）という社会的にも、経済的にも大きな問題を抱えている。多様性を認めながら、組織全体の力が発揮できる新たな組織づくりと、マネジメントシステムを整えることが必要です。

　JMA2008年経営革新提言　「平成19年版国民生活白書」（内閣府）

1-8　健康経営の最大のターゲットは中小企業
50人未満の企業における健康経営の実践は喫緊の課題ー

　50人以上の従業員を雇用している企業の場合、産業医の選任が義務化されていますが、50人未満の企業では義務化されておらず、衛生管理者が中心となって健康管理業務を行っていることが現状です。

　この50人未満の企業の割合は、我が国の企業全体の95％を占めております。また、50人未満の企業では健康診断の実績に関する報告も義務化されていないため、労働基準監督署による管理監督の範囲にも入っておりません。つまり、我が国のほとんどの企業において十分な従業員に対する健康管理が行われていないといっても過言でありません。

　中小企業の場合、大企業に比べ少人数で利益を上げなければならないため、その従業員のだれ一人欠けることができない状況にあります。そのため、中小企業ほど従業員の「ビジネスの中心に健康を位置づける健康経営に取り組む必要があり、また取り組みやすいのです。

中小企業が健康経営を必要とする理由
　少子高齢化の進行により、日本は今後、生産年齢人口の減少が予想されます。企業にとっては、市場の縮小とともに、働き手不足も深刻な課題となります。そのような中で、優秀な人材の確保と既に働いている社員の生産性を高めていく必要があります。社員の健康に積極的に関わることは、それ自体、重要な経営戦略です。

特に中小企業の場合は中心に「健康」が来るのではなく、「利益優先」が来てしまいます。日々、お金を回していかなければならない中で、利益ばかりに目がいきます。加えて、中小企業の事業主の多くは主観的に見て「うちは大丈夫」と思っていることが、実はそれが問題です。いい部署もあれば、悪い部署もあるのですが、経営者にはなかなか細かいところまで目が届きません。したがって、主観的な観察というのは「よいところだけ見て、わるいところは無視する」傾向にあります。

<中小企業における健康経営の普及状況>

	健康経営について、内容まで認知	健康経営について、既に取り組んでいる
中小企業	5.0%	7.6%
上場企業	31.4%	39.8%

(資料) 横浜市(2013)「横浜市景況・経営動向調査第87回(特別調査)」、ヘルスケア・コミッティー株式会社・株式会社日本政策投資銀行・株式会社電通(2013)「健康経営センサス調査」

　中小企業の事業主の多くは主観的に見て「うちは大丈夫」と思っていることが、実はそれが問題です。いい部署もあれば、悪い部署もあるのですが、経営者にはなかなか細かいところまで目が届きません。したがって、主観的な観察というのは「よいところだけ見て、わるいところは無視する」ことが多いと思いますが、その背景には「悪いところがあってほしくない」という願望がその評価を偏らせてしまう原因となっているのかもしれません。

　たとえ会社の収益が上がったとしても、9人ギリギリで働き続けて、それぞれの健康がボロボロだったら、会社は大きくなっていきません。従業員の健康がおちれば、アウトプットの質がおちます。製造業ならば品質が低下します。そうするとクレ

ームが起きて、対応のために結局時間は倍かかります。健康がボロボロになって、倍の時間をかけて、そして収益がおちれば、従業員としても「こんな会社やっていられん」という気持ちになります。すなわち、中小企業においては、従業員全体すなわち、10人いたなら一人体調が悪くても9人がよければOKと評価しやすい現状にあると推測します。

　しかし、たった一人だけも体調の悪い従業員がいることによりその企業の利益は大幅に減少することは明らかです。

　経営資源に限りのある中小企業にとって、健康悪化を理由に従業員が一人でも欠けてしまうことは、経営上の大きなリスクとなります。健康経営によって、そのリスクを可能な限り最小化していくことは、中小企業が将来に渡って競争力を維持していくうえで、大変重要な課題です。収益を上げるためには、従業員全員が良好な健康状態を保持していることが必要不可欠となります。健康経営に注力することで、いい人材が集まり、いい評価を得る。従業員を大事にしている会社は、従業員が会社を大きくしてくれます。
　<u>これらが、中小企業ほど「ビジネスの中心に健康を位置づける健康経営」に取り組む理由です。</u>

　上場企業と中小企業では、健康経営の認知度や取り組み度合いに大きな乖離があるのが現状です。日本において人的資源への投資として健康増進が進められてこなかった理由として、1企業の取り組みを社会に公開する仕組みがないこと、健康関連効果が「可視化」されていないこと、個人が取り組みやすい仕組みがないこと、等を挙げています。

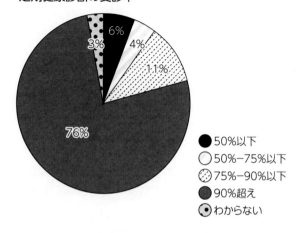

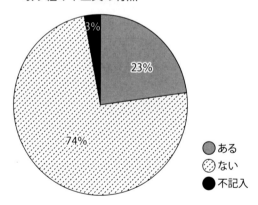

50人以上の従業員を雇用している企業の場合、産業医の選任が義務化されていますが、50人未満の企業では義務化されておらず、衛生管理者が中心となって健康管理業務を行っていることが現状です。この50人未満の企業の割合は、我が国の企業全体の95％を占めております。また、50人未満の企業では健康診断の実績に関する報告も義務化されていないため、労働基準監督署による管理監督の範囲にも入っておりません。つまり、我が国のほとんどの企業において十分な従業員に対する健康管理が行われていないといっても過言でありません。中小企業の場合、大企業に比べ少人数で利益を上げなければならないため、その従業員のだれ一人欠けることができない状況にあります。そのため、中小企業ほど従業員のビジネスの中心に健康を位置づける健康経営に取り組む必要があり、また取り組みやすいのです。

出典：会社と社会を幸せにする健康経営・川渕・河野（2010）

1-9　企業の「見えない体力」を磨く

　企業の考え方の中心は「利益優先」。しかし、この利益を生み出しているのはその企業で働く従業員です。したがって、これら従業員が自身のもつ力（労働生産性）を十分発揮できなければ、おのずと利益の増加は得られません。このことを理解している企業では十分な利益を得、そうでない企業はおのずと利益が減少することは自明の理です。したがって、会社の利益、さらには従業員の利益を向上させるために、事業の中心に「健康」を位置づけることで、財務諸表には直接的に表れない「見えない体力」を磨き上げることができます。つまり、企業が所有す

る人財という資産の価値を高めることができるのです。
 「企業にとって最大の資本は従業員の健康であることを理解し、企業努力として従業員の健康を保持することにより生産性の低下を防ぎ、企業の収益性の向上を目指す取り組み」ということであり従来数字にあらわれなかった企業の「見えない体力」を見える化します。さらに、健康経営とは安全配慮義務を遂行することにより、「労働者が健康で働ける職場づくり」を推進することにほかならず、「ヘルスカンパニー」すなわち「社員の健康管理と企業経営を一体とする考え方を導入する企業づくり」を行うことです。

 「あいちヘルスアップコンソシアーム調査研究データ」の企業健康度調査で得られた自記式生産性評価の結果では、健康不調なく、通常通りに働けている人は44％、30％以上低下している割合は26.6％でした。

自記式生産性評価

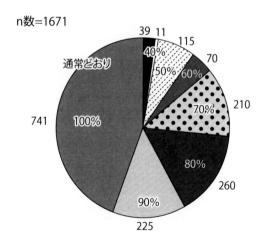

従業員1671名のうち930名が健康不調を原因として自記式生産性が低下していると回答しています。

年代別生産性平均値（あいちヘルスアップコンソシアーム調査研究データ）

「健康不調がなく、通常通り働けている」を100%とした場合、B社が、各年代において比較的に自記式生産性が高いことが伺えます。

　A社においては、他社に比べ自記式生産性が低下しています。特に40歳代が大きく低下しています。**仕事の量や質の低下のみならず病欠率など直接コストにも強く影響します。**

　健康不調が、企業の「見えない体力」に大きく影響を与えていると言えます。

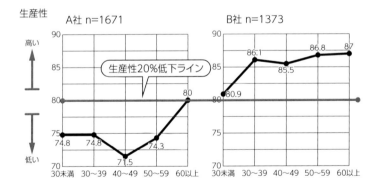

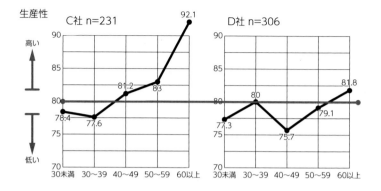

生産性と健康リスクの相関

- プレゼンティーイズムやアブセンティーイズムと生産性に関するコストと生活習慣や身体データの健康リスクとなる項目の間に一定の相関があることを示す研究蓄積されつつあります。

> **プレゼンティーイズム**：何らかの疾患や症状を抱えながら出勤し、業務遂行能力や生産性が低下している状態
> **アブセンティーイズム**：病欠、病気休業

- 腰痛や花粉症、ストレス、睡眠障害が1つ増えるごとに生産性が有意に悪化していることが明らかにされています。

- 個人および組織の健康リスク評価を行うことで健康問題を可視化し、有効な介入につなげることが可能となります。

蓄積されたデータを、企業や保険者等、各組織の現状分析により問題を明確化する手法です。
- 健康関連総コストと健康リスク項目（生活習慣や身体データ）の間に一定の相関があることを示す研究蓄積がある。
健康リスクが増えると健康関連総コストも高くなる。健康リスクの該当項目数により当該組織の健康リスクレベルを低・中・高リスクに区分し、加入者のリスク構造を可視化し、相対化する手法（健康リスク評価）がある。こうした健康リスク評価を行うことで健康課題を可視化し、有効な介入につなげます。

- 健康関連コストを考えるとき、医療費に加え、労働生産性損失費用や短期・長期障害費用を含めた総額で捉えられるようになってきました。

- アメリカにおける先行研究によれば、健康に関連する企業の総コストのうち、医療費や薬剤費の直接費用は24％を占めるに過ぎず、生産性の損失（間接費用）は4分の3を占める。
- 占める割合は30～60％くらいと幅はあるが、最大のコストはプレゼンティーイズムだという研究が多数です。
- 健康経営は、従業員の健康に直接的に良い影響を及ぼすだけでなく、労働生産性の向上にもつながり、企業の業績にも波及することが検証されています。
個人の健康問題だけでなく、周囲へ及ぼす影響も大きいことが明らかにされています。

健康投資の企業価値への寄与

　長期的なビジョンに基づき、従業員の健康経営課題としてとらえて健康経営に取り組むということは、従業員の健康保持・増進、生産性向上、企業イメージの向上等につながるものであり、ひいては組織の活性化、企業業績等の向上にも寄与します。

　厚生労働省が行う健康寿命を延ばそうアワードの受賞企業や株式会社日本政策投資銀行の「健康経営格付」を取得した企業についてTOPIXとの比較において、株価が優位に推移しており、市場から高く評価されていることがうかがえます。

○　健康投資に積極的な企業の株価は全体に比べ高い値を示しています。
○　このことから、健康投資は企業の業績や株価向上に寄与していることが示唆されています。
○　健康投資に積極的な企業のインデックスは、全体に比べ高い値を推移している。

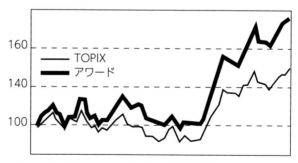

健康投資に積極的な企業（厚生労働省「健康寿命を伸ばそうアワード受賞企業」、日本政策投資銀行「健康経営格付融資先企業」における東証一部上場企業）のインデックスと、2009年4月～2014年9月の5.5年間のTOPIX推移とを、2009年4月1日終値を100として比較を行った。（出所）日本総合研究所作成

ウエルネスプログラム導入による効果

　フェニックス市の場合は、職員をグループにわけ、その中で互いに支援させたり、プロのコーチや講師を招いたイベントも織り込んで、継続的にプログラムを実施しました。ほかにも、健康にいいレシピを募集してレシピ集をつくり、その中の一番いいレシピに賞を与えたり、運動プログラムでは段階を踏んで、進歩がわかりやすいステップ式にしたりと工夫を凝らしました。

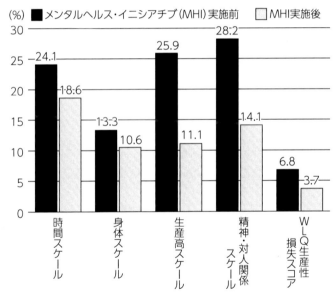

生産性の損失が半減（フェニックス市）

出所：IHPM (Institute for Health and Productivitiy Management) 資料

　1日中効果的に仕事ができるかどうか、業務遂行能力を時間で測った「時間スケール」、階段の上り下りや、ものを持ち上げ

たりおろしたりといった、仕事に必要な作業をする能力があるかを測定した「身体スケール」、実際に遂行した仕事量を測った「生産高スケール」のどれをとっても生産性の損失が大きく減少していることがわかります。

　また「精神・対人関係スケール」は、集中力の向上や、仕事のミスの減少、チームの他のメンバーと共同作業ができるかを評価したものですが、生産性の損失が半分に減少しています。
「WLQ生産性損失スコア」は、時間、身体、生産高スケール等々すべてを考慮した生産性損失の割合を表していますが、このプログラム実施前は、6.8％だったのに対し、プログラム実施後は3.7％のみ。50％近くの生産性の改善が見られたといえます。

　　　　　出典：ヘルス＆プロダクティビティ・マネージメント研究所所長兼CEO
　　　　　　　　ショーン・サリバン

CHAPTER 2

活躍する社員を増やす

2-1　活躍する従業員を増やすワーク・エンゲージメント
―従業員の能力が発揮できる、活き活きと働くことのできる状態とは？

　職場環境改善が従業員のパフォーマンス向上につながる可能性も、多くの研究によって示唆されています。職場環境と従業員のパフォーマンスの関係を考えるうえで特に注目されるのが、産業保健分野でオランダのシャウフェリ教授が提唱した『ワーク・エンゲージメント』という概念です。ワーク・エンゲージメントとは、仕事に対するポジティブで充実した心理状態を指し、「仕事に誇り（やりがい）を感じ、熱心に取り組み、仕事から活力を得て活き活きしている状態」を指します。

　従業員のワーク・エンゲージメントが上司や同僚のサポート等の職場環境要因の影響を強く受けていることが明らかになっています。

　ワーク・エンゲージメントは「仕事が楽しいか否か」と「一生懸命取り組んでいるか否か」の2軸で捉えられます。ワーカホリズム（仕事中毒）との違いは、ワーカホリズムは仕事にやらされ感を持っている"I have to work"の状態、ワーク・エンゲージメントは仕事を楽しんでいる"I want to work"の状態、という点です。

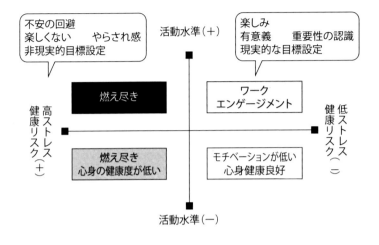

ワーク・エンゲージメント9問

1 仕事をしていると，活力がみなぎるように感じる
2 職場では，元気が出て精力的になるように感じる
3 仕事に熱心である
4 仕事は，私に活力を与えてくれる
5 朝に目がさめると，さあ仕事へ行こう，という気持ちになる
6 仕事に没頭しているとき，幸せだと感じる
7 自分の仕事に誇りを感じる
8 私は仕事にのめり込んでいる
9 仕事をしていると，つい夢中になってしまう

出典：島津（2009）産業ストレス研究16　131-138

2-2 組織を活性化するには？
―ポジティブな感情がストレスを打ち消す

ワーク・エンゲージメントの実現は、組織におけるメンタルヘルス対策が目指すべき新しいテーマとして注目されています。

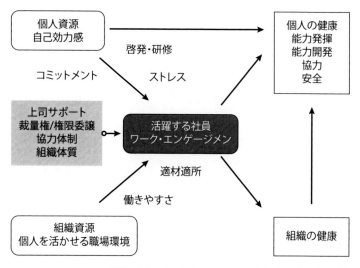

出典：東京大学大学院　精神保健学分野　准教授　島津明人

あいちヘルスアップコンソーシアムでの調査研究では、物事の進め方として Discover Driven Process を実践しています。

従業員の心身の状態、職場環境と仕事の量や質、病欠などの関係を仮説、実証を重ねながらワークスタイルの変革を目指しています。

さらに、職業別や部門別で健康度を評価することで、さまざ

まな課題の発見を支援し解決イメージを具体化します。

　心身が健康であることに加えて、活力も高い組織づくりがいま求められています。

　それには、産業保健と経営と人事がタッグを組んで活性化対策を考え実行していくことが必要と考えています。

2-3　人と組織の潜在リスクを可視化

　あいちヘルスアップコンソーシアムでの調査研究で得られた『ワーク・エンゲージメント』に関する調査結果を紹介します。

　仕事に対するポジティブな状態であるか、職場でのコミュニケーションの状態、ストレス状態などを評価しました。

「自宅に帰っても仕事のことが頭から離れない」と回答で最も割合が高かったのは、30代で42％でした。仕事に対してポジティブではありますが、同時に高いストレス状態にあると言えます。「仕事への評価と生産性」結果からも、従業員のワーク・エンゲージメントが、仕事に対する評価や職場環境要因の影響を強く受けていることが明らかになりました。

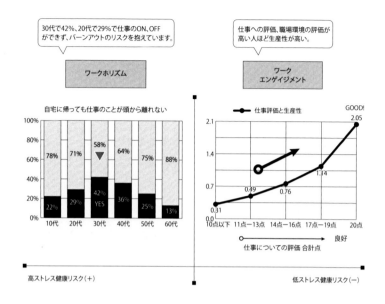

仕事に対するモチベーションと体調不調

「朝仕事のことを考えると、起きづらさを感じる」と回答で割合が高かったのは、10代、20代でした。モチベーション低下は年代とともに安定化していく傾向にありました。

精神健康度（ストレス）評価においても10代、20代が高いストレス状態であることが、わかりました。損失の可視化の章で病欠率の調査結果を紹介しますが、『ワーク・エンゲージメント』の低下は、体調不調などが病欠率にも影響を与えることがわかってきています。企業の生産性に強く影響を与える因子でので仕事量や内容、適正など組織なサポートが必要であることがわかりました。

プレゼンティーイズム：何らかの疾患や症状を抱えながら出勤し、業務遂行能力や生産性が低下している状態
アブセンティーイズム：病欠、病気休業

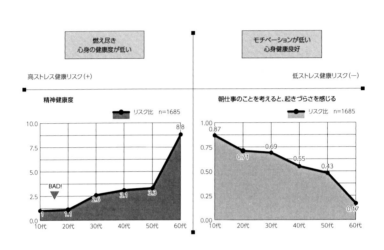

英国の国立医療技術評価機構（NICE）は、2009年に公衆衛生ガイダンスNo.22「生産的で健康な職場環境による心の健康の推進：雇用者向けガイダンス」を公表しました。

このガイドラインでは、ポジティブな心の健康を"mentalwell-being"と呼び、「個人が自分の可能性を高め、効率的・創造的に働き、他人と強い良好な関係を築き、地域社会に貢献するダイナミックな状態」のことと定義しています。また、こうしたポジティブな心の健康の増進が、労働者および経営活動の双方にとって重要であるとして、これを目標とした活動を推奨しています。

WHO健康の社会的決定要因委員会の報告[1]は、健康の社会的決定要因の1つとして、公平な雇用と人間らしい労働（fair employment and decent work）を挙げています。すでに述べたように、労働者の心の健康に影響を及ぼしている可能性のある組織的公正、職場のソーシャル・キャピタルを含む組織風土、さらには企業の人材育成・人事評価方針などの組織要因に対処するには、経営企画や人事労務を担当する部門などにアプローチし、その施策の中に健康への視点を含めてもらう必要があります。

　一方で、経営学でも個人の心理的側面へのアプローチが盛んになっています。[2.3]。その1つとして、労働者が持ち、その生産性に役立つ心理的な資源を定義し、ポジティブな心理的資本（positivepsychologicalcapital）という考え方が注目されています[4]。

　ポジティブな心理的資本は、自己効力感（仕事達成に必要な努力をつぎ込めるという自信）、楽観主義（現在と将来の成功に対するポジティブな考え方）、希望（目標に向かう忍耐力および目標達成方法を柔軟に変更できること）、回復力（挫折からの回復力）からなります。ポジティブな心理的資本が高ければ、労働者のパフォーマンスと仕事の満足度が増加し、経営者が提供する支援的な労働・キャリア環境が労働者のパフォーマンスにつながりやすくなり、また組織変革の際に労働者が効率的、合理的に行動しやすくなり、さらに疾病休業が減少する。従って労働者のポジティブな心理的資本を育成する活動を行うことは、経営にもメリットがあります。これは労働者の心の健康の保持・増進とも一致する考え方です。経営の視点から行う労働

者の心の健康の保持・増進の好事例として、東京都産業労働局が2013, 2014年度事業として行っている「"ポジティブメンタルヘルス"で経営力アップ!」キャンペーンや公益財団法人日本生産性本部の「健康いきいき職場づくりフォーラム」などの活動があります。

> 出典:基礎医学委員会・健康・生活科学委員会合同パブリックヘルス科学分科会

[1] World Health Organization Commission on Social Determinants of Health. Closing the gap in a generation: health equity through action on the social determinants of health. Final Report of the Commission on Social Deter- minants of Health. World Health Organization: Geneva, 2008.
[2] 守島基博、『人材の複雑方程式-日経プレミアシリーズ』、日本経済新聞出版社、東京、2010.
[3] 守島基博、『「職場寒冷化」と働く人のメンタルヘルス―経営学の視点から―』、学術の動向 2014; 19(1):66-69.
[4]Luthans F, Youssef CM. Human, social, and now positive psychological capital management: Investing in people for competitive advantage. Organizational Dynamics 2004; 33 (2): 143-160.

CHAPTER 3

自社の健康状態を知る

3-1 健康度評価とは

―アセスメント内容（各出典）

1. 国立健康・栄養研究所にて開発された行動変容ステージモデルで対象者の準備度を評価
2. 国立健康・栄養研究所にて開発された対象者の食行動を評価
3. 愛知県立大学岡本教授にて開発された精神健康度・睡眠アセスメントの評価
4. 労働生産性低下の評価として、＊S.J.W.Robroekらの使用した質問票を参考にした。
5. 労働生産性指標と行動変容ステージ、食行動、精神健康度、睡眠、喫煙、飲酒との関連性の検証
6. 精神健康度、睡眠と病欠との関連性の検証

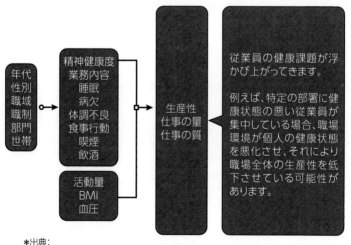

＊出典：
Workplace health promotion: participation and effects. 2011
Supervisor: Prof.dr. A. Burdorf Erasmus MC, Rotterdam, the Netherlands;

3-2　はじめの一歩は、自社を知ること

従業員の健康状態を客観的に評価すること

　失業率の低下、時間給の上昇も顕著にってきており人材の採用・教育に戦略的に取り組み事業を拡大し続けている企業と、攻めようとしても人が確保できず、逆に離職が進む企業があります。さらに、人件費コストだけが上昇し経営環境が悪化するというような防戦一方の企業というように大きな企業間格差が発生し始めています。

　人と組織の健康度を、心身の健康の高低とともに活力の高低にも注目し、双方が良好な状態を目指します。

　事業主の多くは主観的に見て「うちは大丈夫」と思っていることが、実はそれが問題です。いい部署もあれば、悪い部署もあるのですが、経営者にはなかなか細かいところまで目が届きません。

　主観的な観察というのは「よいところだけ見て、わるいところは無視する」ことが多いと思いますが、その背景には「悪いところがあってほしくない」という願望がその評価を偏らせてしまう原因となっているのかもしれません。

　そのため客観的に評価することが必要不可欠です。そこで、私たちが健康経営の活動の一環としている健康問題の抽出を目的として作成した「健康度調査票」による評価を受けていただくことで、客観的な課題を可視化しました。

　さらに、それが生じた背景要因を探ることにより、改善点と改善方法を見つけることができます。

　また、他の部門や他社と比較することが可能ですので、自社はどうなのかという気づきを得て良いところを再発見し、改善すべき点は学ぶことができます。

さらに、健康状態がよくないことがわかっていても、それを解決するために何からどう始めたらよいか分からないという声も多く聞かれます。
　健康度調査を実施することにより潜在的な課題を発見し、どういうツールやシステムを使って、具体的に取り組めばいいかというアイデアも得ることができます。

　「健康経営のはじめの一歩」は、現在の従業員、組織の状態を把握することからはじめます。
　やみくもに集めるのでなく、企業、従業員にとって効果の高い課題発見につながる情報の収集と分析が必要です。

健康経営を推進し、意思決定を下す上でキーポイントとなるのが情報収集とその分析力と言えます。問題は仮説をもって物事をとらえないと、特に人の健康に関わる情報は、専門的知識が必要であり、どの情報が有益かわからないのです。情報洪水の中から意味ある情報をピックアップすることはとても難しいことです。ひとつひとつの情報は価値を見出しにくいとき、塊でとらえて上手に整理すると様々な知見が広がってきます。（部門別や職域、プロジェクト単位など）

情報を収集したのちに大事になってくるのが分析です。
分析によって今まで気づかなかったことや、何となく感じていた事がリアルな実態としてうかびあがってくるわけです。ここで重要になるのは情報データをある条件で並べ替えたり比率を分析したり、複数の条件をさらにインプットすることによって分類しなおしたりして、見やすく整理をします。切り口によって情報は様々な意味をもっていることがわかってきます。

アセスメント評価の方法について

運動・食行動・メンタル・睡眠・労働生産性・職場環境で構成されたアセスメントから得られた結果をスコア化し、評価指標を作成します。

この評価指標により、内部組織間、年代別、職業別など損失原因となる重要な課題や対象を明確化することで経営層に健康投資を訴求します。健康投資の効果指標として有効と考えています。

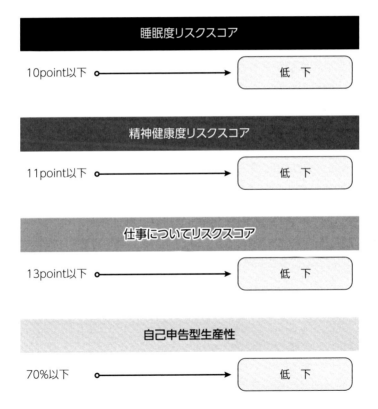

企業健康度評価指標化の意義

　これまで企業全体に対する健康度評価（心身不調に起因した生産低下）に着目した検討は少ないといえます。今回、健康度評価を行うことで以下のような貢献ができると思います。

1. 企業の健康度や企業の健康管理体制などを比較することで、企業間の健康状態や健康管理体制の特徴を明らかにできます。

2. 健康度評価により解明された問題点の解決のために実施される企業としての第1次予防対策実施前と実施後の健康度の変化を比較することができるため、客観的かつ視覚的に対策の効果を評価することができます。

3. 企業の健康度評価は、従業員個々の生活習慣の実態から総合的に評価されるものであるため、企業全体の現在の健康状態の実態を知ることができるのみでなく、個別にも健康状態の評価に加え効果的な健康管理の方法について指導することが可能となります。

4. 企業に対する健康管理や健康指導に関しては、保健所、市町村保健センター、産業保健センターなどの地域資源の活用を勧奨することにより、地域職域連携の促進にもつながります。

5. 健康度を評価することにより、明らかとなる企業全体の健康状態の問題点を解決することにより、従業員の健康度の向

上のみでなく、それに伴い労働生産性も高まることが予測されるため、一企業のみならず95％を占める企業の生産性が向上することにより我が国における生産性の向上につながります。

CHAPTER 4

自社の健康課題を知る

4-1 自社の健康課題は何か？
―健康度調査から得られたエヴィデンスの提供とその利用方法について

「自社の健康課題は何か」

コンソーシアム参加企業の実証データを用いて、潜在化している課題や従業員の健康不調が、企業活動に大きな影響を及ぼしていること最近の研究で明らかになってきています。

個人および組織の健康リスク評価を行うことで健康問題を可視化し、有効な介入につなげることが可能となります。

蓄積されたデータを、企業や保険者等、各組織の現状分析により問題を明確化する手法です。現在 4,000 人程度のデータを収集し、年齢別、男女別、世帯別、職業別、職制別、部門別等で解析し、課題を『見える化』することを研究しています。特に企業内での部門別での比較は、いきいきとした部門、不機嫌な部門、生産性の高い部署、生産性が低い部署など大きな差異が見られました。調査データのに基づいて企業担当者と一緒に解決イメージの確立に役立てることを目指しています。

4-2 健康不調について

健康不調大国日本！？

20代でも、腰痛（19％）、肩こり（17％）、だるい（13％）など健康不調がある。20代前半といえば、まさにこれから働き盛りになる元気でフレッシュな新社会人というイメージのある世代ですが、すでに何らかの長期不調を感じているのが実態のようです。内臓脂肪、高血圧、糖尿病がある184名、（13.4％）脂質異常192名（14.0％）でした。特にないと回答したのはわずか15％で、85％が健康不調を自覚しています。

国民の健康増進に関して厚生労働省が推進する『健康日本21』が、2012年7月に全改正され、「健康寿命の延伸と健康格差の縮小」や「生活習慣病の発症予防と重症化予防の徹底」などが強くうたわれています。しかしながら、今回の調査結果を見てみると、国民の多くが若年の頃から長期的な不調を抱えており、しかも慢性疾患や重篤な疾病へと繋がるリスクがあり、さらに生産性への影響も大きいという結果が得られました。

健康不調（あいちヘルスアップコンソシアーム調査研究データ）

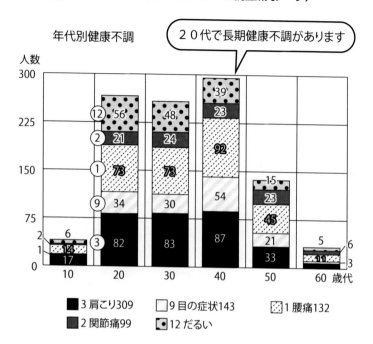

体調不調（あいちヘルスアップヘルスアップコンソシアーム調査研究データ）

腰痛、肩こり、関節痛など運動器系の不調が35%
コレステロール、中性脂肪、高血圧など生活習慣病系が25%

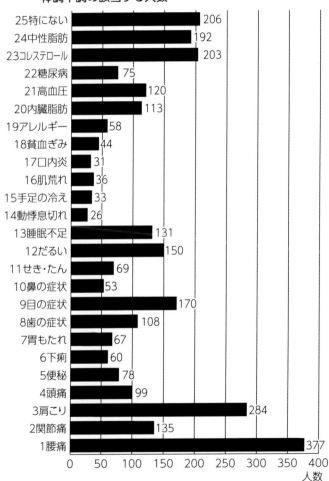

体調不調の該当する人数

- 25 特にない 206
- 24 中性脂肪 192
- 23 コレステロール 203
- 22 糖尿病 75
- 21 高血圧 120
- 20 内臓脂肪 113
- 19 アレルギー 58
- 18 貧血ぎみ 44
- 17 口内炎 31
- 16 肌荒れ 36
- 15 手足の冷え 33
- 14 動悸息切れ 26
- 13 睡眠不足 131
- 12 だるい 150
- 11 せき・たん 69
- 10 鼻の症状 53
- 9 目の症状 170
- 8 歯の症状 108
- 7 胃もたれ 67
- 6 下痢 60
- 5 便秘 78
- 4 頭痛 99
- 3 肩こり 284
- 2 関節痛 135
- 1 腰痛 377

人数

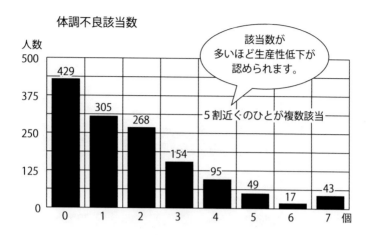

健康不調（あいちヘルスアップコンソシアーム調査研究データ）

内臓に関わる課題。消化器、循環器や血液状態の課題等も含みます。

筋肉や骨、関節などの運動器の課題。眼や耳鼻といった感覚器も含みます。

脳・神経の病気や気分障害や神経症などこころに関わる課題。

インフルエンザや食中毒など、感染症によりおこる課題。

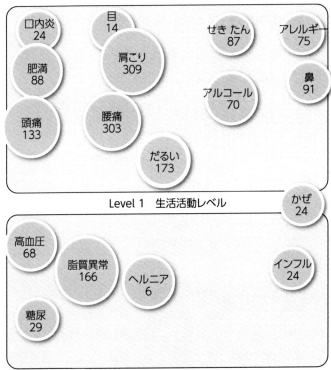

出典：国立健康栄養・研究所

健康リスクと労働生産性の関連

アメリカの先行研究によると、健康リスク数が増えるほど労働生産性（アブセンティーイズム・プレゼンティーイズム）の損失割合は上昇。特に、プレゼンティーイズムで顕著に労働生産性が損失することにつながっています。

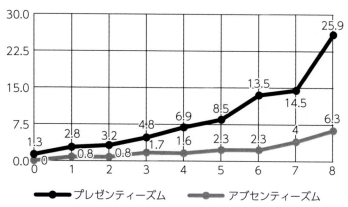

健康リスク数別労働生産性損失の平均割合 (n=2,264)

Boles, M., Pelletier, B., & Lynch, W. (2004).
The relationship between health risksand work productivity.
JOEM, 46(7), 737-745.

※健康リスク項目
1　栄養バランス不良
2　やせ・肥満
3　高コレステロール
4　運動不足
5　高ストレス
6　予防ケア未受診
7　生活不満足
8　高血圧
9　喫煙
10　糖尿病
11　飲酒

健康関心について（あいちヘルスアップコンソシアーム調査研究データ）

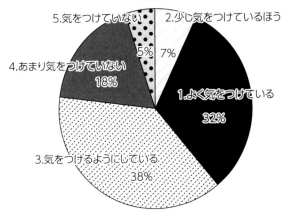

年代別健康関心度

A社では30歳～39歳が 4.気をつけていない、5.あまり気をつけていないが60％と他の年代に比べ高くなっています。

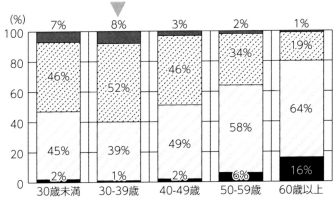

自身の健康のために食生活に「気をつけていると思う」と回答した人は 68.8% であり、具体的に気をつけていることとしては「朝昼晩と 1 日 3 回規則正しく食べている」66.7% が最も多く、次いで「栄養のバランスを考えて、色々な食品をとる」51.6% でした。

　1 カ月間に自身の健康のための出費してもよいと考える金額、実際の出費額についてみると、出費してもよいと考える金額は平均 3,908 円であり、実際の出費額は平均 3,049 円でした。厚生労働省「健康意識に関する調査 2014 年」

BMI分布（あいちヘルスアップコンソシアーム調査研究データ）

　BMIは身長（m）と体重（kg）を元に、体重（kg）÷［身長（m）の2乗］で算出される値です。これは世界的に採用されている算出方法です。日本肥満学会の定めた基準では18.5未満が「低体重（やせ）」、18.5以上25未満が「普通体重」、25以上が「肥満」で、肥満はその度合いによってさらに「肥満1」から「肥満4」に分類されます。BMIが22になるときの体重が標準体重で、最も病気になりにくい状態であるとされています。25を超えると脂質異常症や糖尿病、高血圧などの生活習慣病のリスクが2倍以上になり、30を超えると高度な肥満としてより積極的な減量治療を要するものとされています。

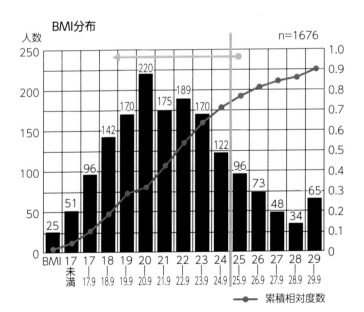

A社のBMIを部門別で調査しました。

専門職の平均が他の部門に比べ高い傾向が見られました。

1日の大半をデスクワークとなるため。活動量が低くなりがちと思われます。

1時間以上座り続けることは、体調に悪い影響があると言われてます。

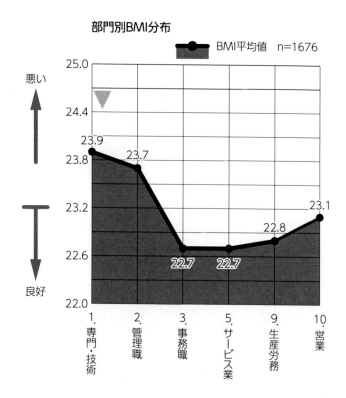

血圧分布（あいちヘルスアップコンソシアーム調査研究データ）

収縮期血圧140以上 15.1%

拡張期血圧90以上 13.3%

国民栄養調査における全国平均データは以下のとおり

収縮期（最高）血圧の平均値は、男性134.6mmHg、女性127.3mmHgであり、収縮期（最高）血圧が140mmHg以上の者の割合は、男性35.7%、女性25.5%

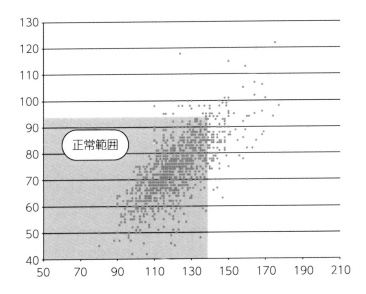

B社の場合、年代別の収縮期血圧参考値からオッズ比を分析した30代の収縮期血圧参考値は120で他の年代比べ有意に高い。

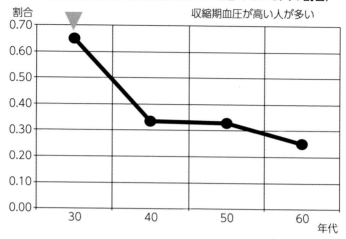

4-3 食行動について (あいちコンソシアーム調査研究データ)

　糖尿病は中高年の男性に多く、太った人がかかるといったイメージがありましたが、実は女性や痩せている体型の人でも、予備軍と言われる人が増加しているようです。

　糖尿病になると頻尿になってきます。のども渇くので、糖尿病の発症に気づかず、ジュースやコーラなどを頻繁に飲んでいる人がいますが、これによって糖分が補給され糖尿病を更に悪化させる方向に働きます。こういった場合は本来であれば、水あるいは白湯か、緑茶ぐらいにしておくことが重要です。10代〜30代の世代にペットボトル症候群という現代病が増えていると報じられています。

　清涼飲料水や缶コーヒーなど、砂糖がたくさん入った飲み物

を大量に継続的に飲んでいると、太りやすくなったり血糖値が高くなったりして急性の糖尿病になる恐れがあるといいます。専門職やデスクワークなどどうしても糖分の摂取が多くなりがちです。近年、体の糖化による老化作用も注目されています。

水分摂取の方法について工夫が必要です。

出典：糖尿病ジャーナル

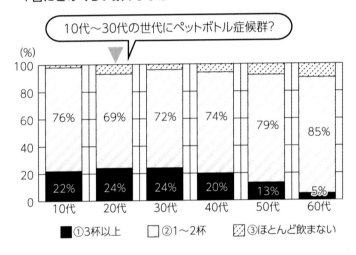

缶コーヒーやジュース、砂糖入りのコーヒー・紅茶などは1日にどのくらい飲みますか？

青魚や植物油に多く含まれている不飽和脂肪酸はコレステロールを下げる作用があります。しかし、食べ過ぎは体重増加につながりますので、適量を心がけましょう。魚なら切り身ひと切れ（80～120ｇ程度、サンマなら一尾）が目安です。

海草や果物に多く含まれている水溶性の食物繊維は、コレステロールを低下させます。洋菓子を果物にしたり、ひじきや昆

布、わかめなどを使った料理を食べるようにしましょう。

　サラダにかけるドレッシングやマヨネーズはエネルギーが高いので注意してください。また、野菜などに多く含まれている不溶性の食物繊維は満腹感を与えたり、腸の働きをよくする作用があるので、できるだけ毎食1品は野菜や海藻料理を食べましょう。

マヨネーズ　大さじ1杯強(15g) 100kcal	▶	カロリーハーフタイプにすると 50kcal
砂糖 ティースプーン軽く1杯(5g) 20kcal	▶	カロリーゼロタイプの甘味料を使うと 0kcal
マーガリン・バター大サジ1杯弱(10g) 80kcal	▶	カロリーハーフタイプにすると 40kcal
ジャム(高糖度)大サジ1杯(20g) 約50kcal	▶	低糖度のほうが低エネルギー

揚げ物や炒め物など油を使った料理はどのくらい食べますか？

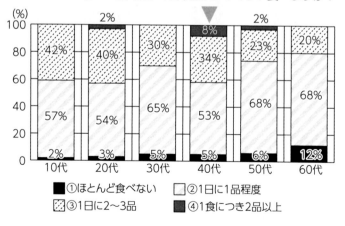

糖尿病患者推移

　日本の糖尿病はインスリンの分泌不足や作用不足により、慢性の高血糖状態となる２型糖尿病が90％以上を占めています。現在、日本では890万人が「糖尿病と強く疑われる人」、1,320万人が「糖尿病予備軍」であり、合計すると2,210万人が糖尿病患者となると推定されています。近年のライフスタイルの急激な変化が、糖尿病を患う人の劇的な増加の背景にあると見られています。慢性的に高血糖状態が続くと、冠動脈疾患、糖尿病性網膜症、腎症などの深刻な合併症が起き、生活の質の低下は甚大となります。重篤なケースでは、糖尿病で失明や四肢の切除を招くことがあります。しかし、「糖尿病と強く疑われる人」の約４割がほとんど治療を受けたことがないという現状があります。また、年間約１万４千人もの人が、糖尿病が原因で死亡しています。これらの現状により、2007年の日本の糖尿病関連の医療費は約１兆1,500億円にも膨らんでいます。

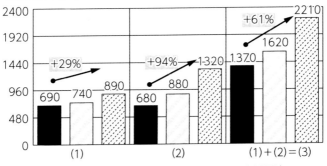

糖尿病患者推移

(1) 糖尿病が強く疑われる人　　　　：　890万人
(2) 糖尿病の可能性が否定できない人：1320万人
(3) 糖尿病患者　　　　　　　　　　：2210万人

出典：厚生労働省「2012年国民健康・栄養調査結果」

4-4 身体活動について

身体活動チェック

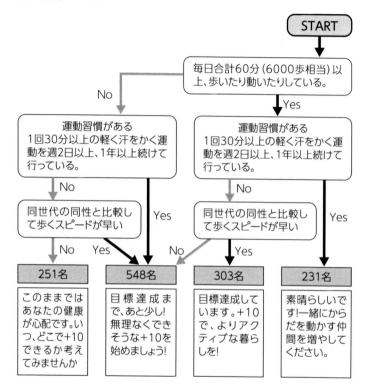

　身体活動の重要な指標となっているのは歩数ですが、歩数はこの 10 年間で全ての年齢層で、1 日あたり約 1,000 歩減少しています。これをカロリーに換算するとおよそ 1 日あたり 30kcal で、1 年間続くと約 1 〜 1.5kg の体重増加に相当するので深刻な活動量不足です。

1,000歩のウォーキングに相当する運動に要する時間は10分程度です。そこで新指針では、「**プラス・テン（今より10分多く体を動かしましょう）**」をキャッチフレーズに、運動時間の目標を「**16〜64歳は1日60分**」、「**65歳以上は1日40分**」と定められました。

出典：国立健康栄養・研究所

歩数と中強度活動時間組み合わせ

（群馬県中之条町の65歳以上の全住民である5,000人を対象とした長期研究）

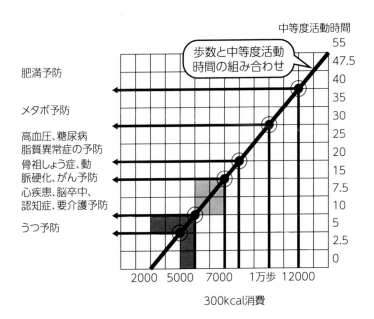

　群馬県中之条町で身体活動（歩き）と病気予防の関係についての調査が2000年から実施されました。

それは日頃の運動頻度や時間、生活の自立度、睡眠時間、食生活などに関する膨大なアンケート調査を行い、この内2,000人に対しては、詳細な血液検査や遺伝子解析を行いました。さらに、その内の500人に対しては、身体活動計（歩数と速歩き時間を計測）を携帯してもらい、一日24時間、一年365日の身体活動状況をモニターしました。病気・病態別の予防基準が、身体活動の量（歩数）と質（中強度活動時間）によって説明されています。健康維持および病気の予防には、1日あたりの平均歩数が8,000歩以上で、そのうち、中強度（速歩きなど）の活動時間が20分以上含まれていると、様々な病気予防にとって効果的だということが分かりました。

出典：群馬県中之条町の65歳以上の全住民である5000人を対象とした長期研究

4-5　飲酒について（あいちヘルスアップコンソシアーム調査研究データ）

週6日、毎日飲酒の割合は、40%
毎日2合以上飲酒は89名
毎日3合以上飲酒は20名

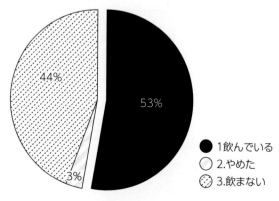

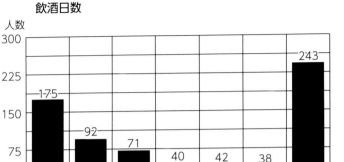

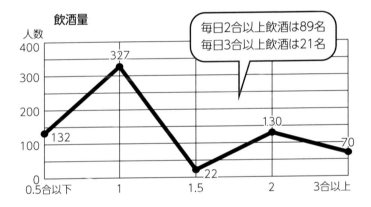

　適量には個人差があり、同じ人であってもその日の状態によって酔い具合が異なるため、一概にいうことはできません。社団法人アルコール健康医学協会では、一般的に、約1〜2単位のお酒を限度とするようにすすめています。純アルコール量にして約20〜40g。このくらいの量であれば、ほどよくお酒を楽しめるというわけです。

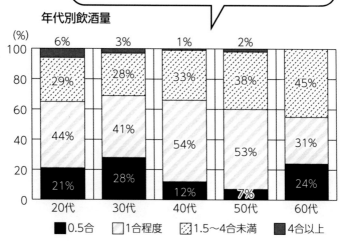

厚生労働省が推進する国民健康づくり運動『健康日本21』によると、「節度ある適度な飲酒」は1日平均純アルコールで20g/日本酒換算約1合程度であるとされています。

840万円の酒代は高い？安い？

20歳から70歳まで50年間350mlのビールを毎日2本飲んでいる方のおおよその酒代になります。もっと少ない人も、もっと多い人もいますが改めて見てみるとお酒を飲む人と飲まない人の一生分の違いは大きいです。

一週間に5日続けて飲酒して2日連続で休むのではなく、2〜3日飲んで1日休む、という習慣をつくることが大切です。

アルコール依存症になる危険性も低下します。

　1日休肝日をつくるだけでだけで、ビール350mlに換算して1ヶ月で約1,600円の節約になります。

アルコールとうつ病

　アルコール依存症とうつ病の合併は頻度が高く、アルコール依存症にうつ症状が見られる場合やうつ病が先で後から依存症になる場合などいくつかのパターンに分かれます。アルコールと自殺も強い関係があり、自殺した人のうち1/3の割合で直前の飲酒が認められます。

アルコールと癌（ガン）

　WHO（世界保健機関）の評価（2007年）では、飲酒は口腔・咽頭・喉頭・食道・肝臓・大腸と女性の乳房のガンの原因となるとされています。またアルコールそのものに発癌（がん）性があり、少量の飲酒で赤くなる体質の2型アルデヒド脱水素酵素の働きが弱い人では、アルコール代謝産物のアセトアルデヒドが食道癌の原因となるとも結論づけています。

アルコールとメタボリックシンドローム

　メタボリックシンドロームに関わる高血圧・高脂血症（脂質異常症）・高血糖には、お酒の飲みすぎが関与している場合が多数見られます。そのためメタボリックシンドロームの予防および治療には、「節度ある適度な飲酒」として成人男子では1日平均2ドリンク（純アルコールで20g/日本酒換算約1合）程度までとし、さらに週に2日間の休肝日を入れることが大切です。

出典：厚生労働省　e-ヘルスネット

4-6 喫煙について（あいちヘルスアップコンソシアーム調査研究データ）

喫煙率調査
男女成人　　計 1676 人

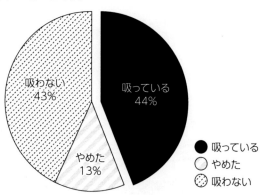

喫煙率　　男性

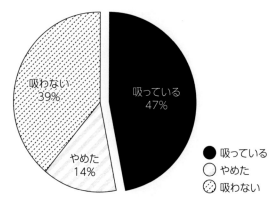

(あいちヘルスアップコンソシアーム調査研究データ)

225万円/年間　年代別喫煙本数（A社の場合）

1日の喫煙総本数（8966本÷２０）×420円　➡　18万円／1日

	人数	10本以下	10〜19以下	20本以上	合計本数
20代	180	28	92	60	2,503
30代	176	17	96	63	2,591
40代	145	6	66	73	2,484
50代	65	6	25	34	1,073
60代	17	0	6	11	315
				喫煙総本数	8,966本
				年間のコスト	¥2,250,000

年代別　喫煙本数

加齢と共に1日の喫煙本数が増加傾向が見られます。

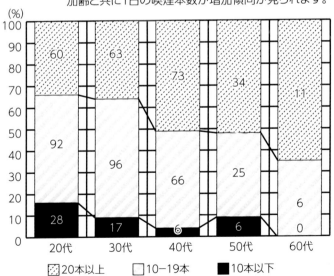

第4章　自社の健康課題を知る

1600万円　(50年間タバコを吸い続けた場合)

　20歳から70歳まで、50年間タバコを吸い続けた場合、タバコ代とタバコを吸うことによって生じる費用の総額は、1,600万円前後だそうです。

　日本人が一日で吸うタバコの平均本数は28本前後ですが、平均1箱と考えてみましょう。単純に計算すれば、440円×365日×50年＝803万円。

　それだけでなく、タバコを吸ってのどが渇いた時の飲料代や、タバコによる病気の治療費なども含むそうです。

喫煙指数について

　タバコとCOPDの関連を示す数字として、「喫煙指数」があります。

　喫煙指数＝1日に吸うタバコの本数×喫煙している年数

　たとえば、1日に40本、20年間喫煙している場合は40×20＝800で、喫煙指数は800。この指数が700を超えるとCOPDだけでなく、咽頭ガンや肺ガンの危険性も高くなるといわれています。(次項図)

　喫煙指数が同程度の男女を比較すると、男性よりも女性のほうが重症化しやすい傾向があるとわかっています。

　COPDには、頑固なセキやタンが続き気管支が狭くなる「慢性気管支炎」と、肺の組織が破壊されて息切れや呼吸困難を起こす「慢性肺気腫」が含まれます。

どちらも初期には自覚症状がほとんどない場合が多く、ゆっくりと進行して、しだいに重症になっていきます。

*慢性閉塞性肺疾患（COPD：chronicobstructivepulmonarydisease）とは、従来、慢性気管支炎や肺気腫と呼ばれてきた病気の総称です。タバコ煙を主とする有害物質を長期に吸入曝露することで生じた肺の炎症性疾患であり、喫煙習慣を背景に中高年に発症する生活習慣病といえます。

喫煙指数（あいちヘルスアップコンソシアーム調査研究データ）

A社では、喫煙指数700以上は37名でした。

診断は「スパイロメトリー検査」によって行われます。息を深く吸い込んで思い切り最後まで吐き出した量が肺活量ですが、最初の1秒間に吐き出す息の量が肺活量に占める割合（1秒率）によって、呼吸機能を計測します。この1秒率が70％以下の場合にCOPDと診断されます。

タバコを吸い続けている方、吸ったことのある方は、ぜひこの検査を受けてみてください。

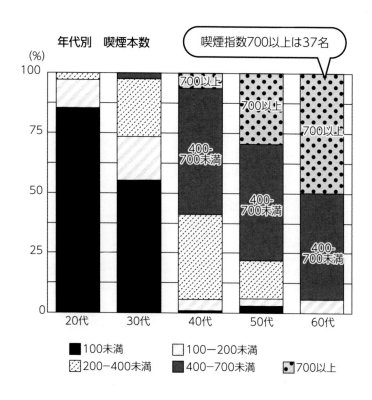

	100未満	100-200未満	200-400未満	400-700未満	700以上
20代	351	48	11	1	0
30代	198	65	86	9	0
40代	2	6	50	74	9
50代	2	2	10	31	19
60代	0	1	0	8	9

4-7 睡眠について

　不眠症とは、入眠障害・中途覚醒・早朝覚醒・熟眠障害などの睡眠問題が1カ月以上続き、日中に倦怠感・意欲低下・集中力低下・食欲低下などの不調が出現する病気です。不眠の原因はストレス・こころやからだの病気・クスリの副作用などさまざまで、原因に応じた対処が必要です。不眠が続くと不眠恐怖が生じ、緊張や睡眠状態へのこだわりのために、なおさら不眠が悪化するという悪循環に陥ります。家庭での不眠対処で効果が出ないときは専門医に相談しましょう。不眠症は4つのタイプに分けられます。寝つきの悪い「入眠障害」、眠りが浅く途中で何度も目が覚める「中途覚醒」、早朝に目が覚めてしまう「早朝覚醒」、ある程度眠ってもぐっすり眠れたという満足感（休養感）が得られない「熟眠障害」です。

　眠れない日が続くと「また今夜も眠れないのではないか」と不安になり、「早く眠らなければ」と焦れば焦るほど目がさえてしまう。これらは不眠症の方が共通して経験する不安です。「一過性で終わるはずだった不眠が慢性化して不眠症になる」、その背景にはこのような「不眠恐怖」があります。不眠が続くうちに寝床に向かうだけで緊張してしまい、夜になるのがゆううつになってきます。そのようなときは「どうせいつかは眠くなるのだから、眠くなるまで起きていよう」くらいに割り切ったほうが好結果をもたらします。

（出典：厚生労働省　e-ヘルスネット「不眠症」より引用）

　日本人の労働時間は、世界的に見てもトップクラスで長いと言われ続けています。その分、他国と比較して生活は不規則に、

睡眠時間も短くなりがちの人が多いようです。

こうしたイメージを裏付けるように、世界45都市の平均睡眠時間を比べたところ、東京が「世界で1番短い」（約5時間45分）という結果でした。

出典：米ジョウボーン世界45都市のユーザー数十万人のデータから分析
（2014年8月15日）

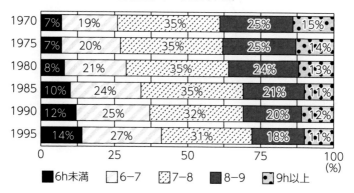

日本人の睡眠時間量分布の変化（平日）

睡眠（あいちヘルスアップコンソシアーム調査研究データ）

中途覚醒

「眠りについてから3時間後か4時間半後」に発生することが多く見られます。

中途覚醒の症状は、40代になると出始めると言われていますが、これは加齢の影響によって睡眠深度が浅くなることが関係しています。

中途覚醒の原因は、多岐にわたりますが、「特定の生活習慣」の影響が大きいといわれています。

寝る前のお酒、夜遅くの食事などは中途覚醒の増加につながります。

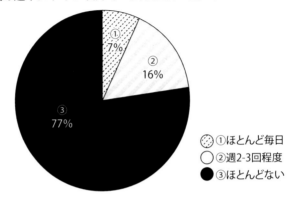

睡眠の途中にトイレ以外で2回以上目を覚ます

① 7%
② 16%
③ 77%

◌ ①ほとんど毎日
○ ②週2-3回程度
● ③ほとんどない

早期覚醒

　不眠症の中でも高齢の方によく見られるのが「早朝覚醒」と呼ばれている症状です。これは、起きようと思っていた時刻より何時間も早く目が覚めてしまうというものです。一度目が覚めると、それ以降はなかなか再入眠できないというのも、この不眠症の特徴です。

　うつ病の方は、眠っているあいだの体温が高いことも睡眠の実験研究で確かめられています。睡眠中は脳と身体をクールダウンさせるために体温が下がるのが普通ですが、うつ病になっているとそのメカニズムがうまく働かなくなってしまうのです。その影響で、深い睡眠がとれなくなるのではないかと言われています。

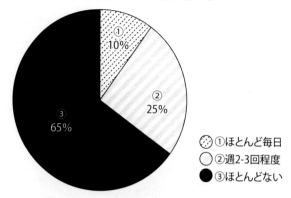

　日中の眠気が続くなら、2〜3週間という長期間にわたって8.5時間の睡眠時間を確保してみることが必要です。
　十分な睡眠時間を確保しても眠い場合には、睡眠障害の可能性があります。
　日中の眠気をひきおこす睡眠障害には、睡眠時無呼吸症候群、特発性過眠症（突然睡魔におそわれて、どんな状況でも眠ってしまう）、があります。
　この中で最も多い睡眠障害は、睡眠時無呼吸症候群です。

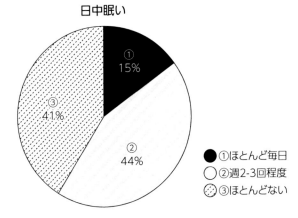

熟眠障害
　時間的には十分に睡眠をとっているはずなのに、"熟睡感"が得られていないことです。
　他の睡眠障害と比べ分かりにくいため不眠症と自覚しにくいのが特徴的です。

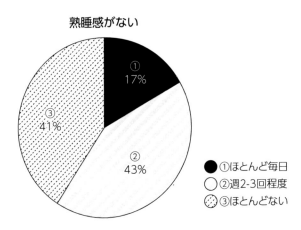

入眠障害

　入眠障害の多くは「精神的ストレス」が引き金になっています。なぜストレスのせいで寝つきが悪くなるのかというと、それは交感神経の働きが活発になってしまうからです。

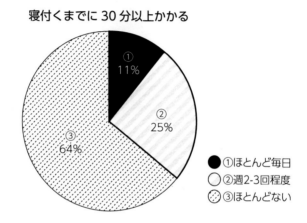

寝付くまでに30分以上かかる
- ①ほとんど毎日 11%
- ②週2-3回程度 25%
- ③ほとんどない 64%

　睡眠は「健康」を維持するうえで欠かせない要素です。睡眠を軽視すれば、それだけ体調を崩す頻度が高まり、仕事への影響も大きく生活習慣病やメンタル不調などの病気に発展する可能性もあります。日中の仕事に対するモチベーションの低下にもつながります。

　大事に至らないためにも、今のうちに不眠を解消しておきましょう。

　寝るギリギリまで仕事をしていたり、SNSを見ていませんか？夜は仕事をする時間ではなく体を休める時間です。いつまでも情報をインプットしていては、休まるどころか交感神経が

高まり覚醒してしまいます。夜は副交感神経を優位にさせる必要があるので、できるだけリラックスした状態で、心と体が休まる時間にしましょう。

　加齢に伴い睡眠度が低下しています。40代で32.5%、50代で34%が睡眠の不調を認知しています。
「熟睡感がない」ないと回答した人が59%と最も多い結果でした。部門別で睡眠度が低いのが、C部門、高かったのはD部門でした。部門別で、有意差が見られます。

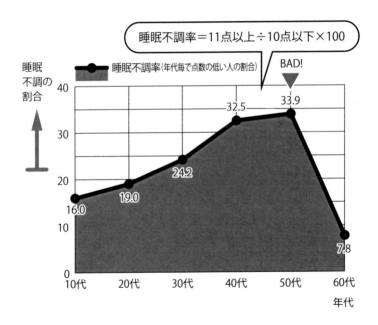

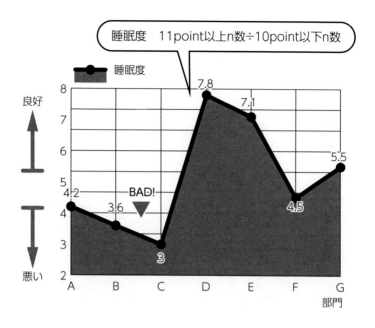

　部門別で有意差があるということは、職場環境などが睡眠不調に影響を与えている可能性があります。

　睡眠不調は理解されにくい障害です。不眠症改善するうえで欠かす事のできない物質がメラトニンです。メラトニンは、脳内の松果体という"そら豆程度"の大きさの場所から分泌される物質で、光に強く影響されます。光を浴びてから14～16時間後ぐらいに多く分泌されます。また年齢とともに、分泌量が大きく減少するのも特徴です。メラトニンは夜間を中心に分泌され、深部体温を下げたり、自立神経の一部の副交感神経を優位にし（リラックス状態）、人の体内時計に働きかけることで自然な睡眠へと誘導していきますメラトニンを分泌させるには？これもやはり、光が重要です。朝起きて、しっかり太陽に

光を浴び昼間に太陽の下で活動すること。適度に運動することも良いとされています。

4-8 精神健康度（ストレス）について

　精神健康度の低下が生産性低下の増大に強い影響を与えています。
　予防策としては、社内に自由に話合え、相談でき仕事への関心を持てる健全な文化を培う取り組みも必要です。
　ストレスのない職場や、人を尊厳を持って扱うような職場。仕事とプライベートのバランス（ワークライフバランス）を率先して取れる職場の環境づくりです。こうした健全な社風が、うつ病患者を減らすとされています。
　従業員の精神健康度分布を右方にシフトさせる取り組みを推進することが重要です。

精神健康度（ストレス）評価方法について
　精神健康度は、仕事に対するストレスや体調、不安感についての設問をされています。
　回答結果を点数化し、点数が高ければ精神健康度が高い（低ストレス）として評価しています。点数結果を年齢、職業別、部門別などで比較することで課題の発見に役立てることができます。

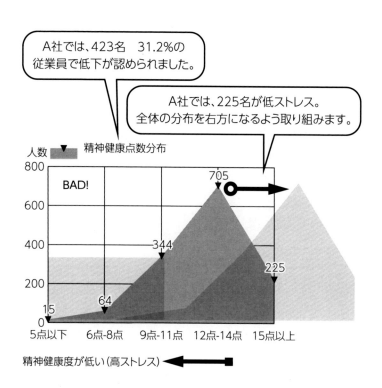

「朝、仕事のことを考えると、起きつらさを感じる。」と回答した割合を年代別で見てみると10代で53%、20代で42%、30代で41%、と若年層が高い結果でした。

会社に行きたくない理由をじっくりと自分に問いかけてみましょう。
「苦手な上司や同僚に顔を合わせるのが嫌だから」「仕事でミスをしてしまったから」「仕事がつまらない」「朝起きるのが辛い」それとも「やる気が起きないから」？

60代では「朝、仕事のことを考えると、起きつらさを感じる。」と回答したひとが少ないのは、働けるのも1年～2年とゴールが見えているかでしょうか？

月曜、火曜をうまく乗り切る。
　1週間のうち、仕事に行きたくないと考えるのは、何曜日でしょうか？まず、月曜日の朝を憂鬱な気分で過ごす人は多いとよくいわれます。職場にまだ十分に適用していない若年層は、どうしてもポジティブな気持ちにはなりづらいのが月曜日です。週末が充実している人ほど、次の週末までのカウントダウンをしてしまうため辛くなってしまいます。朝は「本当はもっと寝ていたい」、「通勤電車は窮屈」、「仕事なんてしたくない」などと家を出ることに対して、嫌なイメージが湧いてきてしまいます。ただ、このような人は、水曜日あたりになると一気に心が楽になってくる傾向にあります。月曜日と火曜日さえ耐えればあとは週末が見えてくるためですが、つまり、月曜日と火曜日の2日間をモチベーションを目覚めさせる工夫をすることが重要のようです。
- 自分で決めたことを達成していくためのセルフマネジメント力を身につける
- 目的、目標を自己設定する大切さを学ぶ

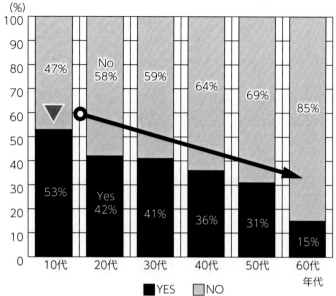

朝、仕事のことを考えると、起きつらさを感じる。

理由がわからない不安を感じる。」と回答した割合を年代別で見てみると 10 代で 29％ 20 代で 24％という結果でした。

ストレスが発生する原理と早期発見が重要です。

全般性不安障害の原因としては、生活上のストレスが関与している場合が多いと言われていますが、不安や心配の原因がある特定のことに限定されるわけではなく、学校、仕事、家庭生活、健康などあらゆることが心配や不安になります。

全般性不安障害は稀な病気ではなく、患者数はパニック障害よりも 3 〜 4 倍多く、1,000 人に 64 人くらいが経験する病気だと報告されています。

全般性不安障害の患者さんが抱える不安は、持続的で程度も

過剰であり、本人が思うようにコントロールできません。患者さんは、自分や家族に何か恐ろしいことが起きるのではないかと絶えず心配し、そわそわと落ち着かず、身震いをすることもあります。些細なことにも常に過敏に反応してしまうため、物事に集中することができません。そして、症状が進むと、睡眠や毎日の生活にも障害をきたすようになります。

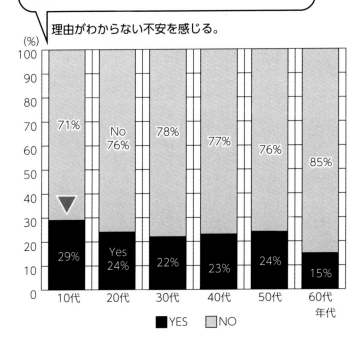

上司からのフィードバックが必要
10代で29%の人が「理由がわからない不安を感じる」と回答しています。

理由がわからない不安を感じる。

「自宅に帰っても仕事のことが頭から離れない」と回答した割合を年代別で見てみると30代で42% 50代で36%という結果でした。

「仕事が忙しい時期だから、弱音を吐いていられない」などと考え、無理を続けてしまうこともあります。放置すると心と身体には、見えないダメージが蓄積しています。ONとOFFの切り替える工夫をし、しっかり休む事が大切です。
　仕事に関連するものは、持ち帰らない、メールも見ないようにする。

　オフの時間が充実できない原因のひとつに「メールの返信は？」「やり残した？」「明日の予定は…」などと仕事上の不確実性が頭をよぎってしまいすごく気になってしまいます。不確実性を取り除くために、OFFに入る前に頭を整理しましょう！
　仕事をリスト化して今日の仕事で終わっていないものはないかチェック！
　終わらなかったものは次の日のタスクとして書き出しておくと良いでしょう。
　今日中にやろうと無理をしないことです。今日の仕事で"うまくいった"と思えることを1つ頭に浮かべて帰宅しましょう。

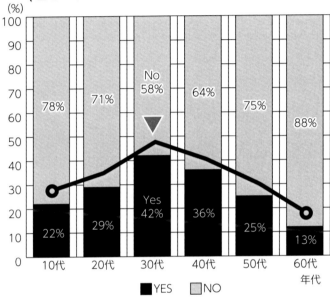

精神健康度（ストレス）評価を年代別、部門別職業別に見ていきます。

（精神健康度は点数が低いほど高いストレス状態を示します。）

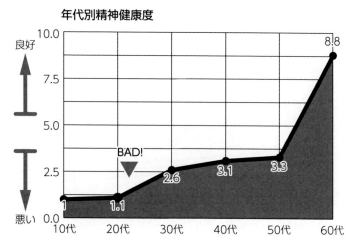

年代別精神健康度で最も良かったのが60代。10代、20代で悪い結果が見られます。うつ病などメンタルヘルスの不調を感じている人の13.3％が会社を休職していることが、独立行政法人「労働政策研究・研修機構2014年」の調査で明らかになりました。メンタルヘルス不調になった人の42.3％は「業務内容や業務量への配慮」を、34.9％は「職場の同僚や上司との人間関係を考慮した配置」を望んでいます。

最も高い、あるいは次に高いレベルとなった人数が、各部署においてどの程度を占めるのか、を集計することにより、各部署で問題となっているストレスの内容を把握しやすくなりま

す。このような情報を管理監督者に提供することにより、部門によるケアをすすめることにも活用できます。E部門が他の部門に比べ最も悪く、F部門が良い結果でした。悪い結果となった部門は、生産性低下のリスクを抱えています。

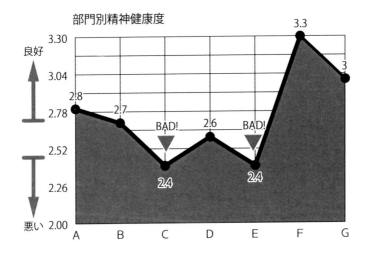

職業別精神健康度 平均

(あいちヘルスアップコンソシアーム調査研究データ)

職業別の精神健康度合計点数の平均値で最も高い職業は管理職の13.3、最も低下しているのが、主任の11.7であった。将来、企業を担っていく若いリーダーが疲弊状態であることがわかります。**この企業では、調査結果を受けて主任クラスへのヒヤリングを開始し、課題に向き合うきっかけとなっています。**

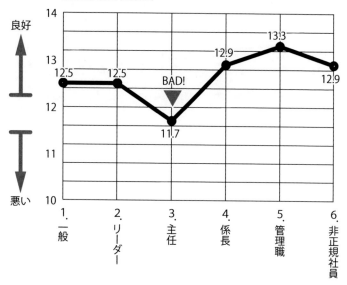

職業別精神健康度評価で事務職、営業、専門職で低下が見られます。企業内で過労自殺や過労死を発生させるに至った場合、企業としては，高額の損害賠償責任を負担するほか、企業内のモラルの低下、対外的な企業イメージの低落など、甚大な損失を被ることになります。したがって、企業にとってメンタルヘルスケア推進の動機づけとして、リスクマネジメントという側面が考えられます。

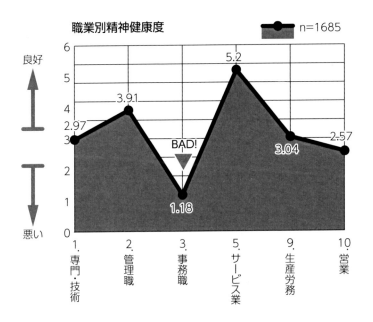

世帯構成別精神健康度
　　　　　　（あいちヘルスアップコンソシアーム調査研究データ）
　少子高齢化が急速に進む中、世帯構成によりストレスの有意差があるのかを調査しました。

　健康に関連する心身不調対策ももちろん必要ですが、その中に家族と過ごす時間が低下していないかも重要です。企業により単身者、子育て世代、高齢者のいる世帯などの構成分布が異なりまた働き方にも大きく影響を与えています。世帯別で精神健康度が低下しているのは、「6.介護者でない高齢者のいる世帯」「7.要介護者のいる世帯」でした。

　2014年11月11日、株式会社明治安田生活福祉研究所と公益財団法人ダイヤ高齢社会研究財団が『仕事と介護の両立と介護離職』と題して、調査結果を発表した。親の介護を経験した人の中で、介護をしなければならないことを理由に転職、もしくは介護に専念することを選んだ人の5割強が、1年以内に離職。さらに、転職したうち正社員として働いているのは、男性で3人に1人、女性で5人に1人、というデータだった。超高齢化が加速することで、当然のごとく介護が必要なボリュームも増大します。しかし、自らが介護をするという選択肢を採った場合、仕事どころではなくなってしまうという状況に陥ります。貴重な戦力を失う企業サイドも痛手だと考えて間違いありません。

　企業は、リスクマネージメントとして職場でできる原因の究明や改善に取り組み、メンタル不調者の発生を抑止することが重要です。

　職場以外にあるメンタル不調の原因に対して企業の取り組みは難しいですが、日本の社会が直面している大きな課題として今後考えていく必要があります。

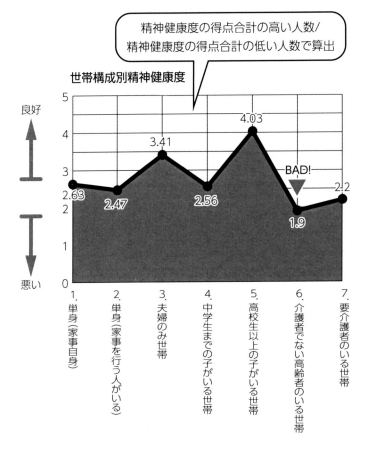

　関西学院大学雄山名誉教授が指尖脈波から算出されるカオスゆらぎに注目し様々な心理実験から、カオスゆらぎは、ココロと関係することを実証しました。

　研究データの蓄積によりストレスチェックの精度向上や職場復帰支援など、当該分野での活用が期待されています。

関西学院大学名誉教授　雄山　真弓「ゆらぎの心理学」
―ココロの柔軟性と活力に関する指標の発見と応用―
Psychology of Mental Flexibility
―Discovery of an index related to mental activity and pliability―

　数理モデルのシュミレーションと麻酔時の実験結果から脈波は大脳中枢の影響を受けている。
　血管の物理的収縮・拡大と大脳中枢からの神経系の影響が指尖脈波の複雑系ダイナミックスを形成するという重要なルールを発見した。特に、交感神経、副交感神経（迷走神経）の影響が考えられる最大リアプノフ指数は、大脳中枢のカオス性と正の相関がある。

　精神的に健康な場合はLLEの値がある範囲を常にUP & DOWNしている。（パラメータの設定で変動幅は変化する。）

　健康な場合は無意識でUP & DOWNができる。
　鬱病や認知症はLLEの値は常に低い状態が長く続く。
　LLEの値が高い状態が続く場合は緊張やストレスが高く、精神的にバランスを崩しやすい状態で危険である。

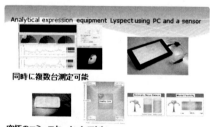

同時に複数台測定可能

究極のコミュニケーションマシン
スマホやタブレットにリアルタイムでLLEや自律神経バランスを 色やグラフで表示できる

4-9 仕事についての評価（あいちコンソシアーム調査研究データ）

　健康的な仕事とは、労働者への圧力が彼らの能力や資質からみて適切であり、また彼らが仕事に対する何らかの権限をもち、周りの人間からも支援を受けられる仕事のことです。健康とは単に病気や虚弱でないということだけでなく、健全な肉体と精神と社会福利が安定した状態であり、(WHO、1986)、健康的な職場環境とは、有害な状況がないということだけでなく、健康を十分に促進できる環境のことです。

設問

仕事への関心	①全くない　　②あまりない　　③少しある　　④かなりある
仕事への やりがい感	①全く感じない　　②あまり感じない　　③やや感じる ④非常に感じる
業務について	
1) 仕事量は	①多い　　②やや多い　　③適当　　④やや少ない ⑤少ない
2) 仕事の内容は	①難しい　　②やや難しい　　③適当　　④やや簡単 ⑤簡単
今の職場は話し合える環境である	①全く感じない　　②あまり感じない　　③やや感じる ④非常に感じる
職場での挨拶・声かけ	①全くない　　②あまりない　　③少しある　　④かなりある

労働生産人口の推移

　2014年10月1日現在、生産年齢人口(15〜64歳)は7901万人で、前年に比べ116万5千人の減少となり、32年ぶりに8000万人を下回っています。65歳以上人口は3189万8千人で、前年に比べ110万5千人の増加となっています。65歳以上人口の割合は25.1%となり、初めて4人に1人が65歳以上人口となっています。

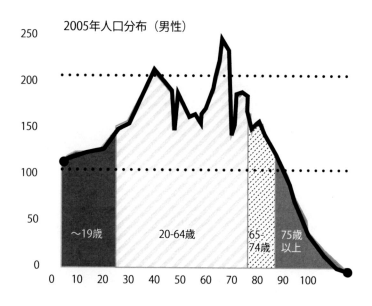

　医療・福祉や小売業でも離職率の上昇傾向が強く、サービス経済化労働需要の増加が続いているサービス業を中心に、仕事はあっても、働く人がいないという問題が深刻化しています。

　働ける場所があればありかがたいという、仕事を求める人にも

かつてのようなメンタリティーはもはやなく、条件の良いところ、働きやすいところ、働きたいと思える場所以外は選ばれない。ちょっとやそっとでは、人は働かない、そんな可能性があります。

2025年にかけては、質だけでなく、量的な人材不足に直面する企業が増加します。魅力的な働き方を提示できない企業は、個人から選ばれず、淘汰される。こんな悲惨な未来が十分に起こります。

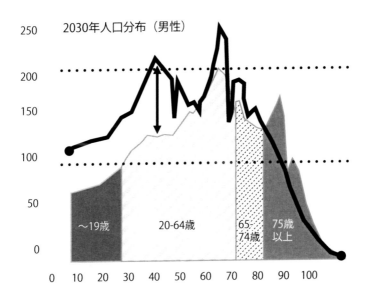

出典：総務省統計局人口推計（平成25年10月1日現在）

不機嫌な職場？（あいちヘルスアップコンソシアーム調査研究データ）

　従業員の知識や能力に見合わない不適切は仕事の要求や圧力、また対処するのに能力を強く要求される困難な仕事内容などが多く見られる職場。労働者が上司や同僚からあまり支持や協力を得られていないと感じる時、そして仕事に対してあまり権限がない時、またはその要求や圧力に対処する方法がわからない時、従業員の状況はより不機嫌な職場となります。

　適切と認識された圧力は、従業員の活性化やモチベーションを保ち、働くことや学ぶことに対して積極性を維持し、従業員の能力開発につながります。さらに周りの人への波及効果が期待できます。

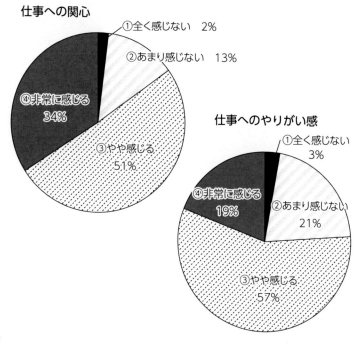

仕事やり方、要求を見直す

　仕事量に対する設問で、①多い、②やや多いと回答した人は、44％と半数近くとなりました。

　仕事の内容では、①難しい13％②やや難しい29％で合計42％でした。

　適度な難しさは、仕事の取り組みにおいて個人の能力を高め、生産性を高める効果があると言われていますが、能力を超えた困難さは大きなストレス要因となります。

　仕事の改善の最もいい方法は、要求、知識、能力、支援、管理に焦点をあてることです。

- 仕事の要求を変える。(例仕事のやり方や職場環境を変える、作業量を今までと異なるように分ける)
- 効率的に仕事を遂行できるように、従業員が適切な知識や能力を持つこと、あるいは身に付けることを支援する。(例従業員を正しく選び、訓練し、定期的に進行状況を確認する
- 仕事のやり方に関して、従業員に裁量を与える。(例フレックスタイム、ワークシェアリングを紹介し、仕事の実施に関してもっと意見を聞く)
- 従業員に対する支援の量と質を増やす。(例経営者のための「人材管理」訓練計画を紹介する、従業員の相互連関を認める、協力および協同作業を推進する)

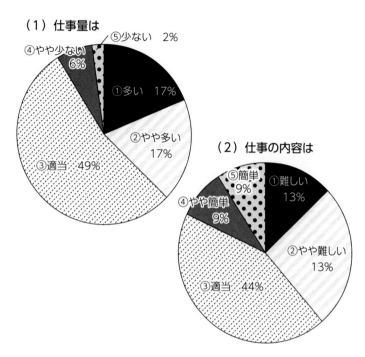

　社内コミュニケーションの現状について調査結果では、話し合える環境であるであるかの問いに対して④非常に感じる、③やや感じるで75%（n＝1,406）を占めています。

　職場での挨拶、声かけでも④かなりある、少しあるで86%を占めています。コミュニケーション不足は組織にさまざまな機能障害を引き起こす一方で、適正にコミュニケーションが図れることにより、個人と組織に大きな果実をもたらします。

　経営層と一般社員とのコミュニケーション、部署内の上司と部下のコミュニケーション、部署を超えた社員同士のコミュニケーション不足などはよく聞かれます。不機嫌な職場とならないよう、大切なのは、いろいろとチャレンジしていって、皆がしっく

りとくるもの、効果を確認できるものをとりいれていきましょう。

25%（353名）の人は話合えない環境と考えています。

14%（198名）の人は挨拶・声かけが不十分と回答しています。この企業にとって大きな損失が発生していると考える必要があります。

コミュニケーションは質より量です。接触回数が増加＝信頼度　好意が高まります。

職場のコミュニケーションの質、量が、従業員のモチベーションや健康への影響が大きいことが、コンソーシアム調査研究でも明らかになっています。

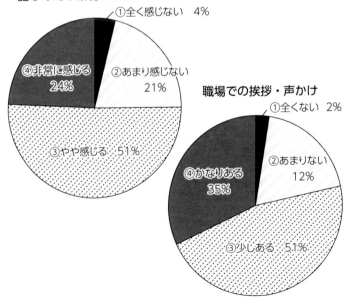

年代別では40代が最も低い平均点数で16.7、最も高かったのは10代の19.0でした。

　20代、30代、40代と加齢とともに低下傾向が見られます。

年齢とともに仕事量の増加、責任範囲の拡大はやむえないところはあると思われますが、孤立化しないよう企業側がサポートすることでこのような低下傾向を防ぐことができると思われます。

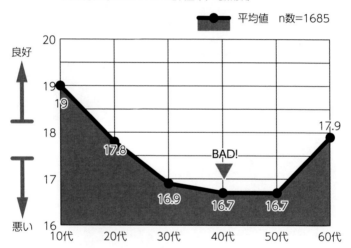

年代別仕事についての評価（平均点数）

仕事への関心、やりがい業務の量、コミュニケーションについて最で最も低いのがB部門でした。G部門は良好な結果でした。他の部門の良い事例を学ぶことが改善の近道かもしれません。

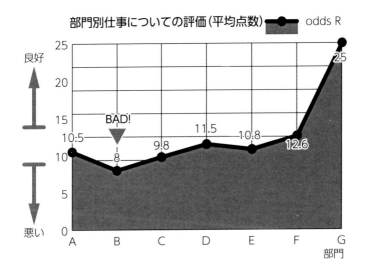

職業別仕事についての評価(平均値)

　リーダー、主任、係長において低下が見られます。

　部下の教育や指導、上司からの業務命令の履行などで多様なプレッシャーがあるのではないでしょうか?

　仕事量や内容もどんどん増加し消化不良となり大きなフラストレーションを抱えているかもしれません。

　係長、管理職による適切なフィードバックが必要と思われます。

　高い評価となっているのは、非正規社員でした。「正社員になりたい」というモチベーションからの結果と思われます。

　企業の課題として、早期に対応することで、有意な人材の消耗を防止することができます。

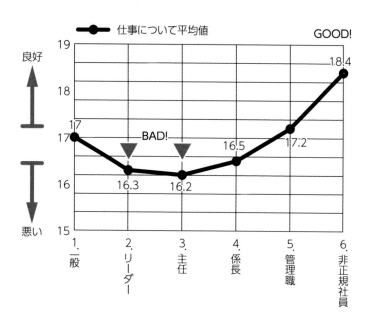

仕事についての評価と病欠率

仕事についての評価

「業務について 1) 仕事量は？」の回答内容で病欠率が最も低かったのは③適当と回答した群で、病欠率が高かったのは⑤少ないと回答した群でした。**仕事量が少ないのにモチベーションの低下が影響してのかもしれません。**

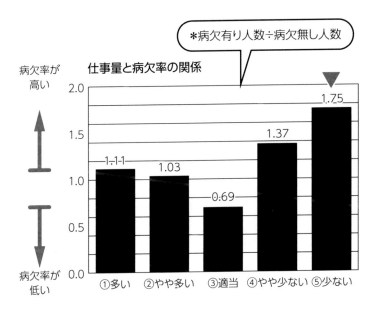

仕事についての評価

「今の職場は話し合える環境である」の回答内容で病欠率が最も低かったのは④非常に感じると回答した群で、病欠率が高かったのは①全く感じないと回答した群でした。

職場のコミュニケーション不調は、病欠率にも影響を与えています。

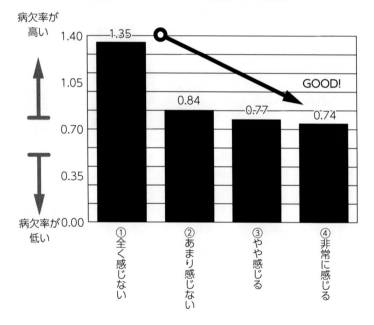

職場コミュニケーションと病欠率の関係

仕事についての評価と生産性の関係

　仕事の量について、③適当、④やや少ないと回答した人が、生産性が高く、①多い②やや多いで低下、⑤少ないと回答した人が、最も生産性が低い。

　適切な仕事量や難しさの要求は、高い生産性や個人の能力開発に寄与します。

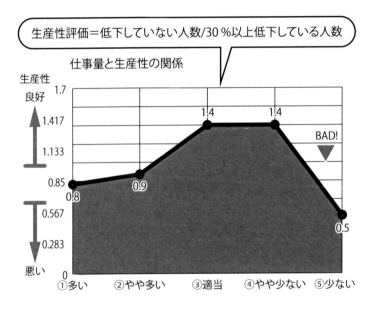

①難しいと回答した人が最も生産性低下している。④やや簡単と回答した人が最も生産性が高い。

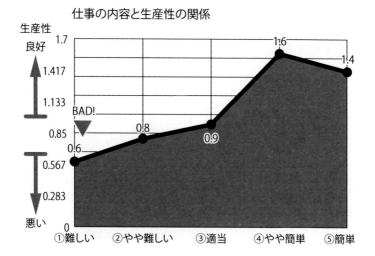

仕事の内容と生産性の関係

仕事についての評価（合計点数）と自記式生産性
仕事についての評価

　①仕事への関心②仕事へのやりがい感③業務について 1)仕事量は？ 2)仕事の内容は？④今の職場は話し合える環境である⑤職場での挨拶・声かけ等の回答結果を加算した合計点と自記式生産性評価との関係では、仕事についての評価合計点が高いほど生産性が高い結果が得られました。

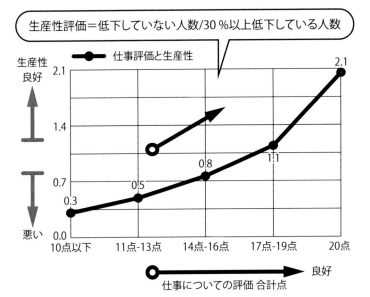

　2025年は、15〜64歳の生産人口だけでなく、総人口もピークアウトし、本格的な人口減少下にあります。人口減少にともない、人材は不足します。人口減少にともない、雇用機会は喪失します。実際はこれらが同時に起こります。ある仕事、ある部門では、雇用が失われ、人材が不足します。人手が足りなくなって、事業継続を断念せざるを得ないところも増えています。仕事を求める人も条件の良いところ、働きすいところ、働きたいと思える場所以外は選ばなくなるでしょう。

自記式労働生産性評価と職場のコミュニケーション環境評価との関係を調査したところ職場のコミュニケーション環境評価が高い場合、生産性も高いという結果が得られました。

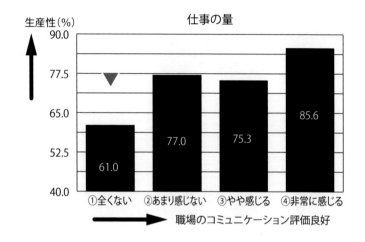

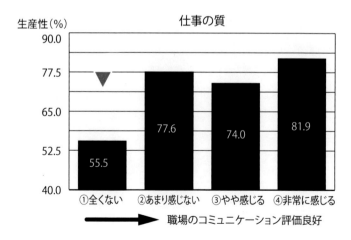

精神健康度や睡眠不調と職場のコミュニケーション環境評価との関係を調査したところ職場のコミュニケーション環境評価が高い場合、精神健康度、睡眠状況にも良い影響を与えている結果が得られました。

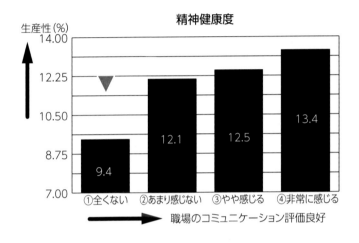

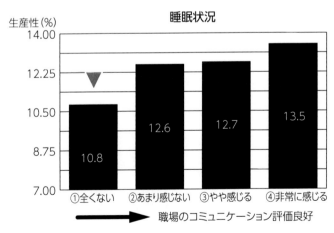

仕事について得点分布

（あいちヘルスアップコンソーシアム研究研究調査）

企業の生産性を上げるには、人的資本の効率を上げることが基本ですが、そのためには社員一人ひとりが健康でより効率的に仕事をこなせるソフト、ハード環境を用意することが重要になります。自らの感情は良くも悪くも他社の感情に影響を与えます。

困ったとき、相談できないような空気が職場にあれば、仕事の量や質に大きな影響を与える可能性があります。

人間の脳内にはミラーニューロンという神経細胞が存在し、他の個体の行動や感情に反応し模倣する働きを持っています。

この働きにより、場を共有する他者の感情を無意識に読み取り同調しようとします。

A社では、リーダー、主任の指標が低下傾向にあることは、重視すべき事と思われます。リーダーの感情がチームや職場の雰囲気に与える影響は大きく、リーダーがいつもイライラ、ピリピリしている職場はコミュニケーション不良になりやすくストレス反応に影響を与えます。

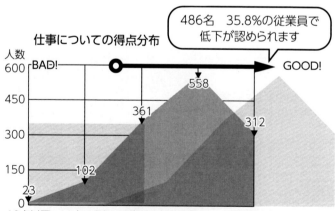

4-10　フローマネージメントについて

　ミハエル・チクセントミハイの「フロー体験」について紹介します。

　ミハエル・チクセントミハイ教授は、1934年ハンガリー生まれで、主にアメリカで研究生活を行った、20世紀を代表する心理学者の1人。

　1990年に出版された本書は、「(欲求の5段階で有名な)アブラハム・マズローの自己実現の概念を超えるもの」(ニューヨーク・タイムズ紙)など様々な新聞・専門家から賞賛され、「日常生活の心理学に関して、今世紀最高の研究者」とも言われています。

(気がついたら、ご飯を食べないで没頭していた。)
「楽しい！」と感じているフロー状態の時は、「時間を忘れるほど活動に極度に集中している状態」このように自分自身の「エネルギー」が、100％、今取り組んでいる対象へと注がれている状態をフロー状態と言います。やる気があふれ、生き甲斐にも通じることが多いとかんがえられています。経営学的にも、フローマネージメントとして注目されています。この状態が満たされるためには、以下のような要素が必要となってきます。
①自分の能力に対して適切な難易度のものに取り組んでいる
　難しすぎず、簡単すぎずであり、全能力を出しきることを要求されるレベルにあること。自分がすべてを管理している感覚を持つ。
②達成目標が明確化されている。
　多様な解釈を生む自由度の高い目標。

活動に本質的な価値がある、だから活動が苦にならない。
③適切で迅速なフィードバックがある。

取組んでいることに対して、即座に「それは良いか、よくないか」というフィードバックが返ってくること。従業員の日々の仕事内容や取組課題に対してフィードバックを与えていなければ、従業員は心理的エネルギーを自分の仕事に傾け続けるための重要な要素を欠いてしまいます。

営業の人は、お客様からいろいろな情報がある分だけ、この部分で安定的といえます、そうでなく、半期に一度だけメンバーに査定結果だけでフィードバックを返すようでは、フロー体験になんの影響も与えられないわけです。
④集中できる環境にある。

対象にのみ集中できること。

例えば、自分が文章を書くことに集中しているときに、同僚から声を掛けられてそちらに意識が発散するようなことがないことがこれに当てはまります。電話がかかってきたり、だれかが部屋に入ってきたりといったいかなる妨害であっても、おそらくフロー経験から引きずり出されてしまいます。

目標設定や課題の課し方について、従業員の心身状態や力量把握し、それに対して適切な仕事の量や難易度になっているかどうかを常にモニタリングすることに繋がります。

従業員のコアな強みや能力、弱点などを把握していないと、従業員が自分にとって適切な難易度の仕事に挑戦しないわけです。

フローは、個人作業だけでなく、集団によるコラボレーションにおいても発生します。

> グループ・フローを生み出す10の条件
> - 適切な目標
> - 深い傾聴
> - 完全な集中
> - 自主性
> - エゴの融合
> - 全員が同等
> - 適度な親密さ
> - 不断のコミュニケーション
> - 先へ先へと進める
> - 失敗のリスク
>
> 　数十年にわたる研究でも、ブレインストーミングを実施しているグループよりも、同じ数の人びとが独力で考えたほうが、はるかに多くのアイデアが蓄積されるという結果が繰り返し出ています。
>
> 出典：[徳力] 凡才の集団は孤高の天才に勝る「グループ・ジーニアス」（キース・ソーヤ）

会社で働く理由

（あいちヘルスアップコンソーシアムコンソーシアム研究調査）

会社で働く理由について
　選択肢から3個まで選択　1位給与　2位職場雰囲気　3位仕事の内容。

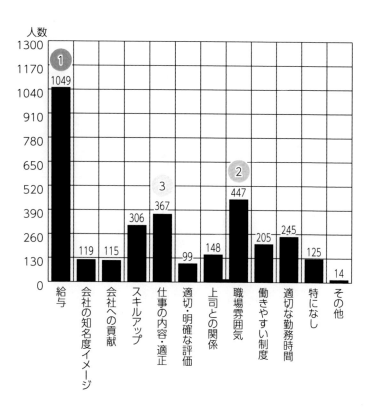

やる気をなくすこと

（あいちヘルスアップコンソーシアムコンソーシアム研究調査）

やる気をなくすこと
　選択肢から3個まで選択　1位職場の雰囲気　2位仕事の内容・適正　3位勤務時間が長い

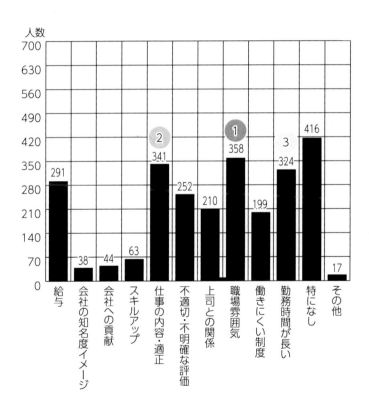

個のフラストレーションの高まりは、十分な生産性を発揮できない原因となり、優秀な人材を失います。

> フラストレーションを感じ、きっぱり辞めることを決断する社員は、現時点でもっとも優秀な人やいずれハイパフォーマーになる潜在力を持つ人であることが多いです。
>
> (辞める理由)
> 1 もともと彼らはその他の選択が可能な優秀な人材であり、引く手あまたである。
> 2 能力が高いにも関わらずそれを発揮できない環境にいるということは最高の結果を得られない。そのような職場に留まることは(出世、収入の)機会喪失と考える。
> 3 達成志向の人はこのような状況では「認知的不協和(頭の中に同時に2つ以上の矛盾する考えがあると不快)」を感じやすく、自分は物事を達成できる人間であるという自己イメージと、現実の不満足な業績とのギャップに強い不快感を感じる。
>
> 現代社会ではフラストレーションを抱えた社員は労働力の20%以上(ヘイグループ)に達するが、ほとんどの会社が対応できていません。
>
> 社員意識調査は、社員満足度、愛着やモチベーション、エンゲージメントに焦点を置き、「職場環境のサポート」の問題を見逃しがちです。社員の働く意欲の低さの一因はサポート不足という組織側の問題である。この問題は特定の職位、部門、業界などに限定されるものではなく、どのような主要セクターでも32〜48%が職場環境が原因で十分な生産性をあげることができないでいるのです。
>
> 出典:エンゲージメント革命-フラストレーションから社員を解放する

厚生労働省の心の健康づくり指針では、「労働者の心の健康には、職場環境（作業環境、作業方法、労働者の心身の疲労の回復を図るための施設及び設備等、職場生活で必要となる施設及び設備等）のみならず、労働時間、仕事の量と質、職場の人間関係、職場の組織及び人事労務管理体制、職場の文化や風土等が影響を与えるため、これらの問題点の改善を図る必要があるとされています。

　下記チェックリストを利用して現在の職場の環境や、体制が十分なのか評価してみましょう。

職場環境改善チェックリスト

項目	あてはまる項目を選択
ストレスの原因となる職場環境等についての理解	●ストレスの原因となる可能性のある職場環境等について、管理監督者、人事・労務担当者や産業保健スタッフが理解している（4点）。 ●上記について、少なくとも人事・労務担当者や産業保健スタッフは理解している（3点）。 ●上記について事業場で理解している者はほとんどいない（2点）。 ●事業場の誰も、職場環境等が心の健康やストレスの原因になると考えていない（1点）。
管理監督者による職場環境等の評価と改善	●管理監督者が日頃の職場管理の中で、職場におけるストレス要因に気づき、改善するように積極的に指示している（4点）。 ●管理監督者が日頃の職場管理の中で、ストレス要因に気づき、改善する雰囲気が事業場全体にある（3点）。 ●管理監督者の中には、日頃から職場のストレス要因について気を配っている者もいる（2点）。 ●管理監督者が職場のストレス要因に気づいたり、改善したりすることはほとんどない（1点）。

産業保健スタッフや人事・労務担当者による職場環境等のストレス要因の評価	●産業保健スタッフ等が、定期的に、ストレス調査等によって、職場のストレス要因を評価することになっている（4点）。 ●ストレス調査は実施してないが、産業保健スタッフ等が、職場巡視等で職場ごとのストレス要因を評価している（3点）。 ●職場で心の健康問題が発生した時にだけ、関係者から事情を聞くなどして職場のストレス要因について評価するようにしている（2点）。 ●職場環境等におけるストレス要因の評価は全く行っていない（1点）。
産業保健スタッフや人事・労務担当者による職場環境等の改善	●ストレス対策委員会等、組織を作って職場ごとのストレス要因の改善を進めている（4点）。 ●管理監督者、産業保健スタッフや人事・労務担当者が相談し、職場のストレス要因の改善を進めている事例がある（3点）。 ●上記のような事例はないが、職場環境等のストレス要因の改善について、産業保健スタッフや人事・労務担当者が助言することがある（2点）。 ●職場環境等におけるストレス要因の改善について、産業保健スタッフや人事・労務担当者は全く関わっていない（1点）。

4-11　生産性評価について

　　　　（あいちヘルスアップコンソーシアムコンソーシアム研究調査）

　健康不調なく、通常通りに働けている人は44%、30%以上低下している割合は26.6%でした。

　従業員1671名のうち930名が健康不調が原因で生産性が低下していると回答しています。

　生産性に強く影響する因子についての調査結果をまとめました。

企業健康増進計画や保険事業計画策定において優先的に取り組む課題が見え、さらに評価できるように数値化しています。

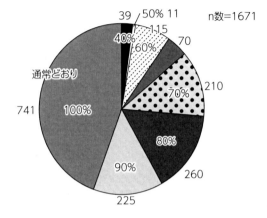

精神健康度と生産性（1）のグラフは、精神健康度の得点と生産性が低下している割合と比較しています。精神健康度の得点が低いと、生産性が低下する人の割合が増加しています。

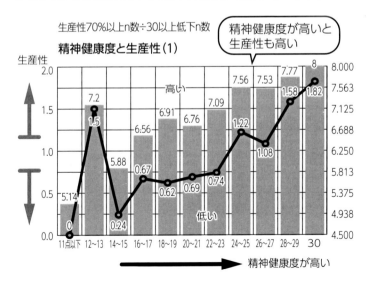

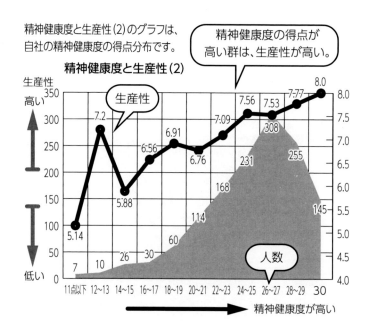
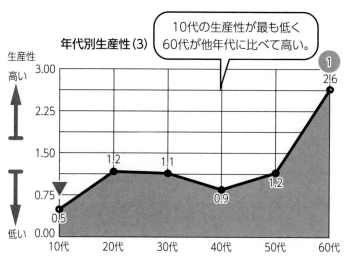

職業別、部門別で自記式生産性評価を調査しました。製造系、技術系、事務系、管理系、部門など個別に組織分析することで、企業が取り組むテーマを絞り込むことができます。

 状態のよくない職業や部門は、他のいいところを真似ができる工夫を社内で展開し、PDCAをまわして行くことが重要です。

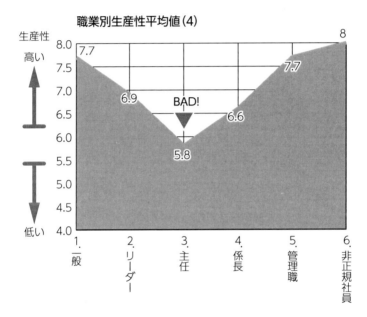

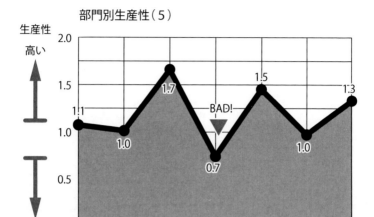

　世帯別と生産性との関係では高齢者のいる世帯で生産性の平均値が7.0と最も低く次に単身(家事自身)7.32が低い。

　世帯別からみた各健康指標の有意差がみられることから、注目すべきテーマと考えられます。介護者でない高齢者のいる世帯、要介護者のいる世帯のN数が十分でないので、今後、さらにデータの蓄積が必要と思われます。

世　　　帯	N数	平均
1. 単身　(家事自身)	316	7.32
2. 単身(家事を行う人がいる)	327	7.50
3. 夫婦のみ世帯	119	7.50
4. 中学生までの子がいる世帯	289	7.35
5. 高校生以上の子がいる世帯	165	7.45
6. 介護者でない高齢者のいる世帯	57	7.00
7. 要介護者のいる世帯	18	7.72

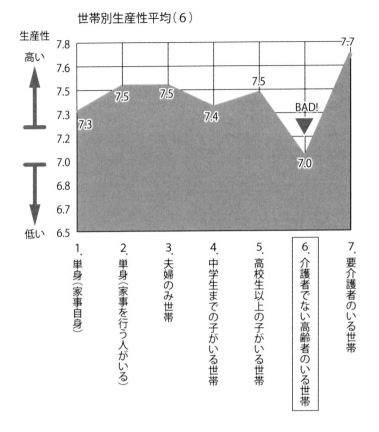

BMI分布と生産性との関係を調査したが、大きな有意差はみられませんでした。

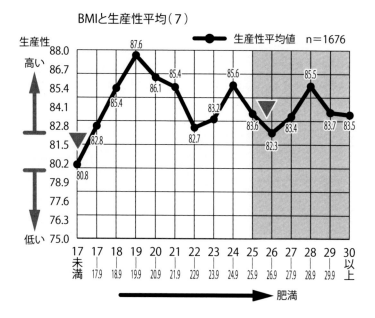

4-12 損失の可視化

社員の健康状態による損失金額を可視化することで、損失の縮小に向けた具体的な施策が打てます。例えば、従業員が病気欠勤した場合に発生する年間の損失額では、3、609億円と試算されています。病気がちで欠勤の多い従業員は存在し、その結果、業務が滞ることで、これだけの損失が発生します。

同僚が予定外の残業をすることで、体調悪化の波及リスクが

高まるという副作用もあります。

　疾病を抱えながらも欠勤せずに就業している従業員も潜在・顕在含め、多く存在します。当然、パフォーマンスは100%を期待できず、生産性は低下します。結果的に目には見えない損失が発生、その年間の額は2,817億円にも上ります。

　病気により、やむなく転職する場合には、その損失額は8,939億円、退職となる場合には4,662億円になると試算されています。つまり、従業員が健康のまま働き続けていれば、失うことはなかったと考えられる損失金額は、年間でなんと計2兆27億円にもなるといわれています。白書を発表したACCJとEBCは、このデータをもとに「労働力および生産性を維持するために疾病の予防（一次、二次予防）に加えて、疾病の重症化予防、再発予防にむけた治療（三次予防）への取組みに対して積極的な資源の分配と支援策を講じるべきである」と提言しています。

　欧米企業において実施されているウエルネスプログラムは大きく以下のようなものがありました。

(1) 原因疾患に対する治療の奨励、治療費の負担例：季節性アレルギーの流行前に、治療のための通院を奨励。治療費を企業で負担
(2) 従業員支援プログラム例：社員が仕事や病気の悩みを相談し、改善するための専門家の設置
(3) 軽い運動などのフィットネスプログラムの実施

　それほどコストをかけずに今すぐ始められるようなものもあります。労働損失の要因を可視化し、どの健康不調で、どのような職場環境で、労働損失が大きいのかが明らかになれば、その企業に最も必要な施策を打つことができます。

4-13 損失の可視化方法について

　労働生産性が５％低下＝企業従業員に支払っているコストのうち５％の損失が発生

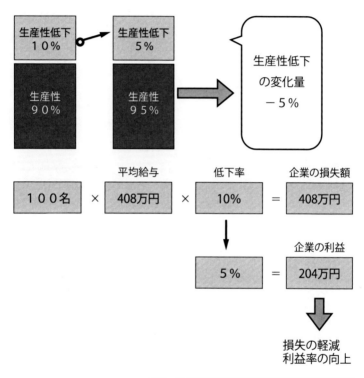

　　　参照　平成26年度健康寿命延伸産業創出推進事業

5億4千万円以上の損失

(あいちヘルスアップコンソーシアムコンソーシアム研究調査)

自記式生産性評価の調査で30%以上低下している人の割合を調査することで、企業人事戦略において従業員の健康増進が生産性に強く影響を及ぼしていること、さらに改善すること大きな利益を得られる可能性を示しています。

30%以下	40	50	60	70	80	90	100
39	11	115	70	210	260	225	741

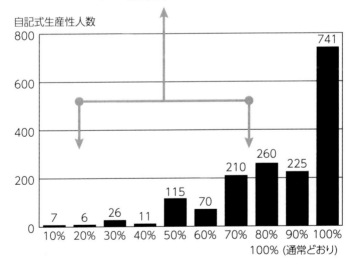

30%以上低下　445名

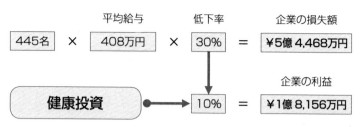

健康投資が大きな効果をあげる可能性を示しています。

睡眠障害による損失

　日本大学（医）精神神経医学教授の内山真医師が詳細なデータを基に算定したものです。
　睡眠が及ぼす経済損失額がそれを裏付けています。

　それによると労働一人あたりの年間生産損失額から割り出された全体の損失額は、実に 3.5 兆円に。
　調査は化学メーカーの従業員 4,078 人からの回答を得て分析（うち有効回答 3,075 例）、性別・年齢・業務などの基本情報、睡眠時間や寝つきなどの「睡眠状態」、勤務中の眠気の頻度やその影響による欠勤・遅刻・早退・作業効率などの「生産性」そして、交通事故の有無などについて解析しました。
　その結果、「寝つきが悪い」「深夜や早朝に目が覚めてしまう」人は、男女とも月平均 2 〜 3 回、勤務中に眠気に襲われることがわかりました。また、眠気のある時には、眠気のないときに比べ、作業効率が男性で 40.1%、女性で 37.0% の低下をまねくことも判明しました。
　この結果をもとに、「眠気に問題のある人とない人の頻度の

差」に「眠気のある時の作業効率の低下率」と「年間給与」を掛けて、一人あたりの年間生産損失額を割り出していくと、男性で25万5,600円、女性で13万7,000円がはじきだされました。

　眠るための体の準備として最も重要なのは、体内の温度を下げて体と脳を休息状態にすることです。このためには、体の熱を体外に逃がす必要があります。眠たくなる時には、手足がぽかぽかしてきますが、これは手足の皮膚から熱を逃がしている時なのです。赤ちゃんの手が温かくなると眠たい証拠というのと同じです。ですから手足が冷たいと眠れない。手足が温かいと熱が逃げやすくなります。足浴が眠りによいという報告がありますが、これはぬるめの足浴がきっかけで熱を逃がしやすくなるからです。熱いお風呂で充分に暖まって疲れをとるということもあります。体の芯まで暖まってしまうと、脳と体が目覚めてしまい疲れがとれたような気になりますが、眠りには入りにくくなります

出典：不眠・睡眠トラブルがもたらす社会的・経済的損失の実態　2007年
日本大学（医）精神神経医学教授　内山　真

睡眠障害による損失睡眠度と生産性
　睡眠評価点数が10点未満では生産が30％低下と認める者が、153名、80％以上と回答した者が106名で、睡眠度の低下により有意に生産性の低下が認められます。
　特に、10代、60代が他の年代に比べ大きく影響を受けています。

年代	10点以下			11点以上		
	低下なし	30%以上低下	oddsR	低下なし	30%以上低下	oddsR
10	1	7	0.14	17	34	0.50
20	26	43	0.60	205	155	1.32
30	37	32	1.16	156	128	1.22
40	26	45	0.58	106	111	0.95
50	15	21	0.71	67	50	1.34
60	1	5	0.20	26	8	3.25
N数	106	153	0.69	577	486	1.19

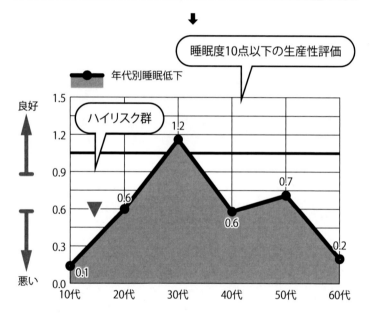

病欠による損失

　従業員の病欠は直接企業の生産活動に大きな損失を与えています。病欠の場合、現場ラインでは仕方がないというあきらめがあるのでしょうか？

　全社的で戦略的な対策が構築できていないのが現状のようです。

調査企業 A 社の病欠による損失は 4,271 万円であった。

病欠による穴埋めのための代替人員のコスト、残業などは考慮していない。

病欠による損失額＝[病欠日数]×[日給（400万÷240日）]

4,271 万円の損失＝[2,563日]×[16,666円]

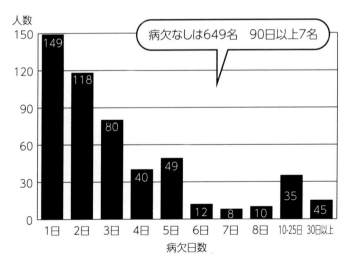

病欠なしは649名　90日以上7名

＜経済的損失と生産性損失の算出方法について＞
生産性損失推定＝病気による欠勤損失＋疾病就業による損失＋病気転職による損失＋病気退職による損失

- 病気欠勤による損失：病欠および短期の就業不能休暇の経済的価値＝[病欠日数]×[日給(年収÷240日)]×[人口乗数(実際の全国人口に近い数字を得るための乗数)]

- 疾病就業による損失：健康問題による就業中の生産性低下(例え集中力が低下し、通常の生産性を発揮できない)の経済的価値＝[前月の正常に機能しなかった時間数]×[時給(年収÷48週÷前月実稼働時間数)]×[人口乗数(実際の全国人口に近い数字を得るための乗数)]

- 病気退職による損失：健康問題や身体障害のせいで長期に労働不能の状態が継続している、または以前に仕事をやめ、働いてないため給与所得減収の経済的価値＝[給与減収があった人数]X[減収の年間評価額]×[人口乗数(実際の全国人口に近い数字を得るための乗数)]

出典：在日米国商工会議所(ACCJ) 健康維持に関する意識調査を基に疾病による経済的損失額を試算 2011年

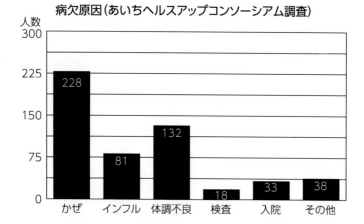

病欠原因(あいちヘルスアップコンソーシアム調査)

体調不調による病欠日数の調査

（あいちヘルスアップコンソーシアムコンソーシアム研究調査）

各年代別の病欠数 / 年代別人数×100 で算出

病欠率が最も高いのが50代の48.7%、最も低いのが10代の22.4%であった。

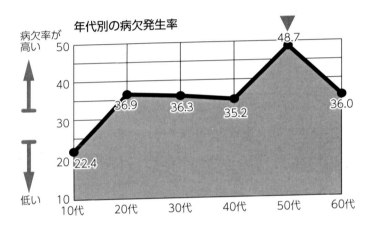

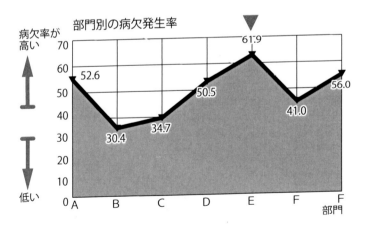

職業別病欠（あいちヘルスアップコンソーシアムコンソーシアム研究調査）

職業別での病欠率では、一般職で3日以上の病欠人数が高い。

健康不調による病欠人数

	N	1-3日	4-5日	7日以上
1. 一般	781	198	58	47
2. リーダー	102	23	2	1
3. 主任	48	15	3	0
4. 係長	47	13	4	5
5. 管理職	8	1	1	1
6. 非正規社員	340	90	30	12

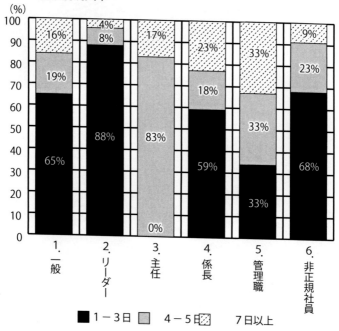

職業別病欠率

CHAPTER 5

可視化から導き出す改善ポイント

―従業員の健康不調を点数化することで
　生産性への影響度を可視化―

事例1．精神健康度について（高ストレス）

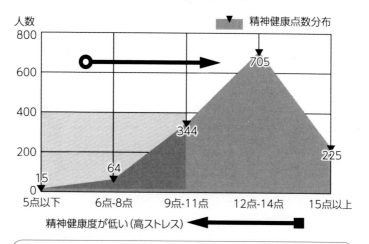

精神健康度点数分布の見方
この企業では、明らかに高ストレス状態の人が79名、グレイゾーンにいる人が344名ということがわかります。
不調者予防の取り組みで、仕事の量や質への影響を低減する効果があります。

精神健康度が低下している人へ適切なアドバイスを積極的に行う。
管理職のヘルスケアリテラシーの向上など、組織で取り組む。

ターゲット

どの年代、どの部署に働きかければ、コストパフォーマンスが高いか？
年代では、10代、20代、企業内E部門と対象を絞り込むことで伝える力を高める。良好部門から学ぶ、モチベーション高め、生産性および仕事の安全性の保持を高める。
適度に緊張感と柔軟性を持った状態で仕事に取り組めることが、大切です。

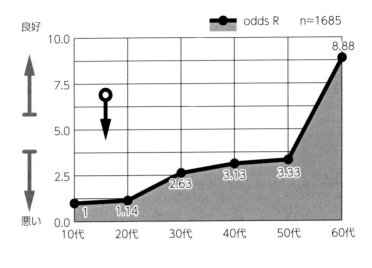

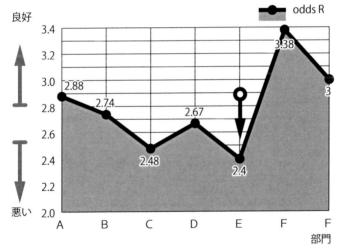

支援実施後、再調査することで効果を可視化します。

事例2．睡眠不調による生産性低下

「日中眠い」と回答した人がほとんど毎日、週2〜3回程度を合計すると59%

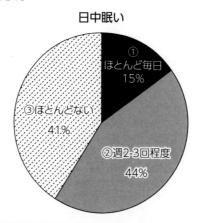

日中の作業効率が推定40%低下するとの研究があります。睡眠不調が企業の生産性にどの程度影響を及ぼしているのかを理解し、保健事業計画の項目に加えることも考える必要があります。

健保や保健事業担当者と協力し、入眠障害、途中覚醒、熟睡感がない人へ適切なアドバイスを積極的に行う。

ターゲット

どの年代、どの部署に働きかければ、コストパフォーマンスが高いか？
年代では、40代、50代、C部門と対象を絞り込むことで伝える力を高める。
不眠に対する対処が十分でない事が多いので、適切なアドバイスを実施する。

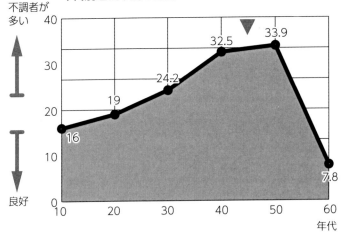

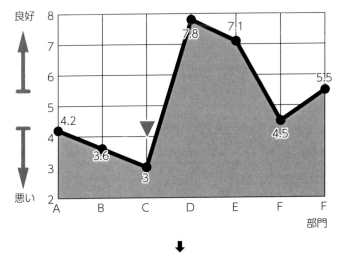

支援実施後、再調査し、指標の変化で効果を可視化することができます。

事例3．職業別における課題

　職業別の精神健康度合計点数の平均値で最も高い職業は管理職の13.3、最も低下しているのが、主任の11.7でした。将来、企業を担っていく若いリーダーが疲弊状態であることがわかります。

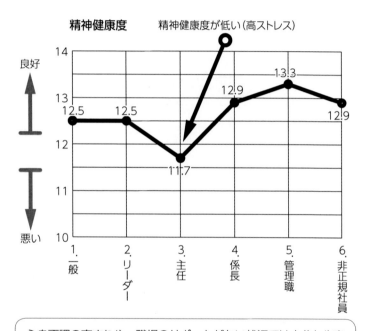

心身不調の高まりや、職場のサポートがない状況では十分な生産性を発揮できない原因となり、優秀な人材を失います。
職業では、主任で職場環境評価が低く、十分な休養がとれていません。仕事のON、OFFができていないようです。

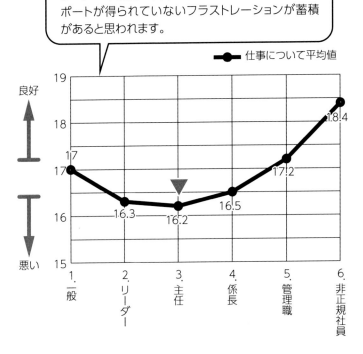

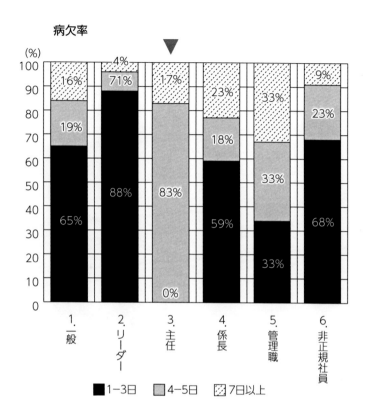

　部下を動かすのが非常に上手だったといわれる山本五十六の言葉「やってみせて　言って聞かせて　やらせてみて　ほめてやらねば　人は動かず」

事例4. 病欠率と生産性

　図表「部門別病欠率と生産性」では、自記式生産性評価と病欠率との関係を調査したものです。企業内の部門間で有意差が認められます。

　C部門は生産性も高く、病欠率も低いですが、D部門やF部門は、生産性が低下し病欠も高くなっています。精神健康度が低いと病欠率が高い傾向が見られます。さらに健康不調による病欠率が高い部門は自己申告型生産性が低い結果となり、一人の体調不調による病欠は部門全体に強い影響を与えていることが分かります。

　短期の病欠（1日～3日）では、かぜやインフルエンザが原因となっていますので、予防接種など企業が積極的に取り組むことで防ぐことが可能と思われます。病欠日数が年間10日以上が50名で、3.6％となっています。

　長期病欠につながるメンタル不調は、精神健康度が低い部門では、ラインケア等の職場環境の改善などに着手することで、部門や企業にとって直接的なメリットがあることが明らかになります。体調不調による病欠の対策は現在ほとんど取られていません。代替要員の確保や残業など大きな負担となっています。

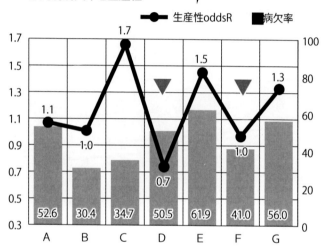

事例5．精神健康度と病欠率

図表「部門別精神健康と病欠率を比較」では、企業内の部門別で比較しました。

病欠率の高いE部門の61.9％とB部門の30.4％と大きな差があります。

大きな差が発生している原因を突き止め、企業の課題として取り組むことが必要です。

部門別精神健康と病欠率を比較したところ、相関が見られます。

病欠率の高いE部門は精神健康度が低く、病欠率の低いB部門は精神健康が高い結果が得られました。

新しい時代の雇用者は、従業員の健康を新しい視点で捉え、CSRの一環として、社員の健康推進運動を進めている会社は増えています、しなかった場合のリスクや損失を考えると、企業のリスクマネージメントとしての重要性が増しています。

健康不調による病欠は、企業内でも十分に把握されていない現状では、大きな潜在的リスクが存在していると言えます。

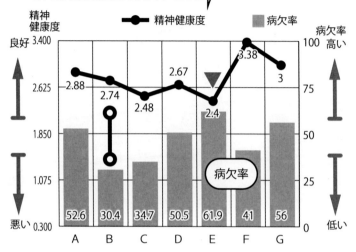

事例6．コミュニケーション不足

　A社では、昼夜にわたって勤務がある職場なので、従業員の出勤、退社の時間を異にするため、同一時間帯に職員全員が顔を合わせることが難しいと思われます。その結果、従業員同士が一体感を持ちにくくコミュニケーションも不足になりがちです。

　また、これらの職場は、不規則な勤務のため不平・不満や健康管理上の問題も出やすい職場です。

　今回の調査で、会社で働く理由で447名、やる気をなくす理由で385名が職場の雰囲気を挙げています。個のフラストレーションの高まりは、十分な生産性を発揮できない原因となり、優秀な人材を失いことになります。

課題

> 不平、不満を同僚や上司に聞いて もらう時間が少ないため、閉鎖的になりやすい。
> 全員共通の時間が少ない、もしくは無いため一体感がない。
> コミュニケーション不足から、職場の改善が進みにくい。

解決イメージ

> ○管理職はリーダー、主任との対話に努める。仕事上の問題点などを相談しながら、改善の努力のきっかけ作りをする。
> ○共通の時間をつくり連絡を密にとる。仕事について知識、情報を共有化し一体感を重視する。共通の時間がとれない場合は掲示板、連絡帳、社内SNSなど工夫する。

CHAPTER 6

中小企業の健康経営推進に向けて

1　健康経営アドバイザー

　東京商工リサーチの調査では、2015年の倒産件数は前年比9.4％減と減少した一方で、「人手不足」関連倒産は同5.6％増と増加した。労働人口の減少に伴い、人材確保が困難となっており、中小企業ほど従業員の健康に目を配り、生産性を高める必要があります。アクションプラン2015（次世代ヘルスケア協議会平成27年）では労働人口の7割を占める中小企業の健康経営促進に力を入れていくとしています。大企業向けには取り組みが評価・表彰される仕組みが中心でした。

　中小企業における健康経営を推進するため、既存の産業保健や労働安全衛生等に係る資格制度を踏まえ、有資格者の活用を念頭においた上で、東京商工会議所等の協力を得ながら、経営と健康いずれの知識を併せ持ち、実現性のある健康経営プランを提案・実行する「健康経営アドバイザー制度（仮称）」を創設し、人材の育成・活用促進を図り、さらに健康経営に取り組む優良企業に対して政府系金融機関などから低金利で融資を受けられることも検討しています。

　経済産業省と厚生労働省、東京商工会議所は、2015年「健康経営アドバイザー」の資格創設に向けた協議会を設置しました。

　中小企業診断士や社会保険労務士などを対象に、長時間労働を抑制するなど社員の健康対策や企業経営の実態に関する講座を開設し、試験合格者には資格が与えられます。試験は東商が実施します。

　健康経営アドバイザーは中小企業に派遣され、経営者の理解を高めると同時に、制度面の整備などを進めます。

　中小企業の社員や家族たち約3600万人が加入する公的医

療保険「協会けんぽ」（全国健康保険協会）の支出額は増加傾向にあります。

　社員50人未満の事業所には産業医の選任が義務づけられていないなど、人材や資金不足で健康対策に手が回らない企業も多いのが現状です。

「健康経営」とは何かというところですが、これは，NPO法人健康経営研究会が提唱している経営のあり方で、「経営者が従業員とコミュニケーションを密に図り、従業員の健康に配慮した企業を戦略的に創造することによって、組織の健康と健全な経営を維持していくこと」とされています。

中小企業の健康経営の取り組み状況について

　中小企業の従業員の健康増進・予防に対する経営者の意識について調査された結果よりますと健康経営の実施状況、健康経営実践の目的健康経営を実践済み、または実践を予定している中小企業経営者は全体の4分の1程度にとどまりますが、今後の実践を希望しているものの、踏み切れない経営者が半数を超えており、支援策等の政策介入の余地があることがわかります。

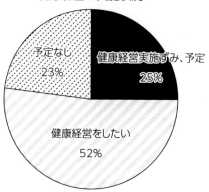

健康経営の実施状況

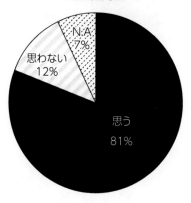

健康経営に対する期待値
生産性向上

「健康経営に取り組むことで、以下のそれぞれの項目に良い影響を及ぼすと思いますか？」

経営に対する期待値　社員の生産性の向上　自社ブランドの構築・向上　自社の人材獲得（リクルート）生産性向上、ブランド力向上、自社の人材獲得の中では、生産性向上への期待値がもっとも高く、リクールートでは78%、が「思う」と回答したが、ブランディングでは、50.2%と低い結果でした。ブランディングに対して期待がさほどでもないのは、「健康経営の目的」の回答とも矛盾しません。ブランディングとリクルートへの期待値が低いのは「健康経営」に対する世間の認知度がまだ低い、と中小企業の経営者が考えているため、と推察されます。

出典：「健康経営の啓発と中小企業の健康投資増進に向けた実態調査」調査概要及び中間報告　平成27年10月29日　第8回健康投資WG　経済産業省　商務情報政策局　ヘルスケア産業課

2　あいちヘルスアップコンソーシアム

　従来の実践されている健康経営の方法の多くは、健康づくりの方法は企業自らが問題点を把握し、その解決方法を探る方法が行われてきました。この方法は大企業の場合には産業医などの

産業保健スタッフが配置されているため、多角的に自社の問題点の把握を行いやすく、その解決方法の立案や実践が行いやすい環境にあります。一方、産業保健スタッフの配置のない50人未満の企業、特に10人未満の零細企業では専属スタッフも配置されていないため、問題点の把握さえも困難な場合が多いようです。

　本コンソーシアムではこのような零細企業自体に健康経営を任せるのでなく、「健康度調査票」により第3者的に「健康問題

の見える化」を行い、それに対する解決が可能となるよう、健康づくりの実践において役立つ様々なノウハウを持った企業も参加しています。さらに、産学一体となった取り組みを行うため、単にノウハウの提供だけでなく様々な解析手法を用いて、健康度調査票により得られた実状の把握に基づきハイリスク群の抽出を行うことができ、さらに専門家の立場から解決方法に関する情報提供が可能となります。

あいちヘルスアップコンソーシアムが実施する健康度評価について

- これまで行われてきた個人でなく企業全体を対象とした健康度評価を行うことにより、企業共通に抱える健康状態や健康管理に関する問題点を明らかにすることに加え、年齢別、従業員規模別および業種別、部門別にその問題点の解明を行います。

- 企業における健康管理への意識や労務管理に関する情報も併せて収集するため、全体及び栄養、休養、睡眠およびメンタルの状況など個々の健康関連要因に影響を及ぼす企業背景との関連を解明することができます。

- 健康度評価により、事業主と従業員に自社の健康問題や健康管理方法の一致性に関する調査結果を、健康度の高い企業と低い企業の間で比較することにより、健康度の高い企業の特性の解明を行います。

　本研究の最終目的は、以上の研究結果を総合的に検討して、企業に対する健康管理方法に関する指針作成を行うことにあります。

あいちヘルスアップコンソーシアムの設立目的

働く人たちの健康増進を通じ、企業・団体の価値向上と発展に寄与するするため「組織健康度」の見える化・分析をもとに「健康増進策」「働く環境改善」等を検討・提案することを目的に設立しました。

設立目的

①企業主に自身の会社の労働者の健康状態における問題点を把握し、それが自社の労働生産性と強く関係することについて理解を促す。

②なぜ、そのような健康問題が生じているかそれに関連する問題点（特に過重労働、有給取得状況など）を明らかにし、これらを含めた総合的な改善の方法を専門的な立場から助言・提案する。

③改善状況の経過を観察しつつ、健康状態のみならず労働生産性の影響の定期的な確認を行いつつ、改善方法に関する評価を行い、修正を行うこと。

産学官の枠を超え
実事例をもとにしたグッドプラクティスを重ね
真の「健康企業」となるための仕組み構築を目指します。

業績向上とイメージアップ	リスクの軽減	人材価値向上
業務効率、生産性企業ブランド向上	現有人材の適正化 モチベーション向上	ミスの減少 事故の防止と低減

あいちヘルスアップコンソーシアムの特色

健康度調査票により企業の健康リスクの抽出
客観的な改善に対する助言・提案
問題指摘型 ⇨ 問題解決型
専門家によるサポート企業とのマッチングとその効果に関する評価
サポート企業のビジネス創出機会を提供

あいちヘルスアップコンソーシアムの役割

健康経営に関する情報の提供・情報交換
企業における健康増進活動を目的としたPDCAサイクルによる「労働安全衛生マネージメントシステム」構築の支援

あいちヘルスアップコンソーシアム定例会議

第1回	2014年5月14日(水)	キックオフ会議
第2回	2014年6月4日(水)	健康度判定概要と会員での実施予定
第3回	2014年7月2日(水)	会員企業「健康度判定調査」実施結果報告、結果報告に基づく討議
第4回	2014年8月27日(水)	コンソの目的とコンセプト「健康度判定結果評価」分析報告討議
第5回	2014年9月30日(火)	健康度判定評価分析結果考察、合総合分析とアウトプット構成検討
第6回	2015年1月21日(火)	「健康施策」構築構想、健康度判定報告書サーマリ版について
第7回	2015年3月17日(水)	「プレゼンティーズム」「ストレスチェック」、取組み方向性課題
第8回	2015年5月12日(火)	脈派によるメンタル面を可視化するツールについて
第9回	2015年6月23日(火)	D社健康度判定結果について
第10回	2015年7月28日(火)	A社健康状態の調査の進捗報告、健康管理ツールの紹介
第11回	2015年8月27日(水)	関西学院大学名誉教授　雄山　真弓「ゆらぎの心理学」

於：愛知県立大学サテライトキャンパス（第5回のみ安保ホール）

2015年度の活動　【定例会議】

第1回　2015年5月12日(火)　経産省施策説明、今年度方針、会員企業事例発表、会員企業ツール発表討

第2回　2015年6月23日(火)　「藤友会勉強会」報告、直近実施会員企業分析報告討議、会員企業事業紹介

第3回　2015年7月28日(火)　「健康度判定調査」進捗、会員企業ツール紹介、オブザーバ企業研究発表討議

於：愛知県立大学サテライトキャンパス

2015年度の活動 【イベント】

1. 藤友会(江南労基署管内企業グループ)勉強会開催
   　　　　　　　　　　　　2015年5月22日(金)
   ① 『健康企業・健康経営』を取巻く社会背景とその価値
   　　　　　　　　　中部経済産業局　小林室長補佐
   ② 「あいちヘルスアップコンソーシアム」の取組について
   　　　　　　　　　国立健康・栄養研究所　高山協力研究員

   ③ ストレスチェック義務化対策について
   ④ ストレス度を測る仕組み研究と実体験

2. 大府市雇用対策協議会　主催セミナー内での講演
   　　　　　　　　　　　　2015年8月27日(木)
   「あいちヘルスアップコンソーシアム」の取り組みについて
   　　　　　　27企業・団体出席　全体出席者：55名

3. 安城市・安城商工会議所「がんばる企業経営」セミナー
   　　　　　　　　　　　　2015年9月9日(水)
   ① 「健康企業・健康経営」を取巻く社会的背景とその価値
   　　　　　　　　　中部経済産業局　小林室長補佐
   ② 自社の「企業健康度」を見える化！
   　　　　　　　　　国立健康・栄養研究所　高山協力研究員
   ③ 【事例発表】先進取組企業の取り組み　サンエイ株式会社
   ④ ストレスチェック義務化対策について
   　　　　　　　　　NECソリューションイノベータ㈱

あいちヘルスアップコンソーシアム体制図

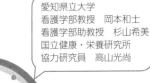

愛知県立大学
看護学部教授　岡本和士
看護学部助教授　杉山希美
国立健康・栄養研究所
協力研究員　高山光尚

ACADEMIC BOARD

2015年9月時
15社参加
事務局　日本事務器

WORKING	FIELD
ヘルスケア事業推進企業	地域健康経営実践企業
新しいヘルスケア技術を提供	健康度調査協力企業
	取り組みを勉強

2015年9月時
5団体定例会参加
地域発信など支援

SUPPORT
地域公的セクター
中部行政機関、市町村

本コンソーシアムの実践方法

企業健康度調査の実施「従業員や部門、職業の健康度見える化」

企業主に直接結果説明　報告書の作成

健康課題の抽出得られたデータを指標化しチャート上に作図

改善方法の提案（岡本、保健師など）　課題を明確化し共有

改善計画の提案

介入開始

本コンソーシアムから得られる効果

1）企業における安定した労働生産性。
2）労働者が健康状態を維持することにより、収入を得られる安定した生活基盤と生活収入の維持。
3）労働環境により生じる軽微であるも長期間の受診が必要な身体症状（VDTによる肩こり・頭痛、重量物の運搬による腰痛・関節痛など）を企業努力により、予防することによる国全体の医療費の軽減に貢献。
4）従業員の健康不調を改善することで、生き生きとした職場づくりに貢献。
5）ウェネスプログラムの取り組みによるブランド力の向上。
6）参加企業は、健康度評価結果を共有することで、取り組みの改善や課題を共有できる。

ヘルスアップコンソーシアムの役割

健康経営に関する情報の提供・交換

健康増進活動を目的としたPDCAサイクル（次ページ参照）による「労働安全衛生マネージメントシステム（下図参照）」構築の支援

健康度調査票による企業における健康度のリスクアセスメント
健康度リスクの特定

改善方法の助言・提案

改善の実施

改善方法に関する評価・修正

労働安全衛生マネジメントシステムについて

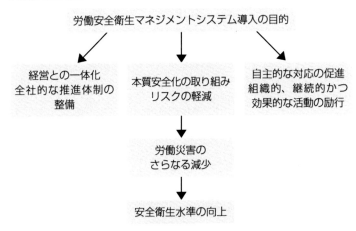

コンソーシアムの解決イメージ

これまでの研究成果　　　社会課題　　　　　　政府政策

| 従業員の健康が生産性に及ぼす影響大きい | 従業員の健康を増進し企業の生産性を向上させる | 健康経営　健康投資促進 |

コンソーシアムの解決イメージ

企業健康度判定サービス
＜調査項目＞
・不定愁訴　・メンタル
・睡眠　・生活習慣
・自己申告型生産性
・企業特性
・飲酒、喫煙　他

健康増進カウンセリングサービス
＜カウンセリング内容＞
・生産性向上につながる健康増進施策（組織施策）
・生産性向上につながる健康増進個別指導

健康体調と生産性の見える化

経営戦略としての健康増進

| 健康度測定技術
・フィジカル測定技術（ウェアラブル）
・メンタル測定技術 | 生産性と健康の関係分析技術
・専門家による分析
・ビッグデータ分析（データマイニング） | 健康カウンセリング技術
・生産性に繋がるノウハウ
・有効性の高い組織施策
・個人の行動変容に繋がるノウハウ |

参考他社比較

（あいちヘルスアップコンソーシアム調査研究）

● 測定結果を数値、指標化することで、他社との比較することができ、自社のポジションや、改善すべきターゲットが明確化されます。さらに介入前後を検証することで、効果測定が可能です。

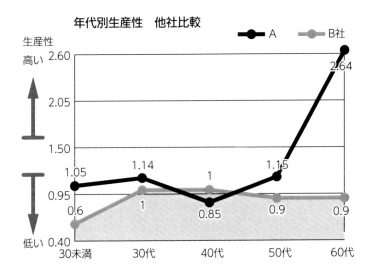

年代別生産性　他社比較

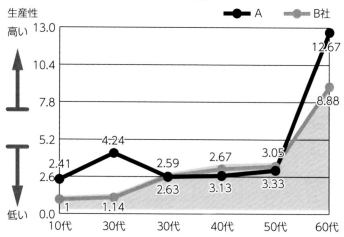

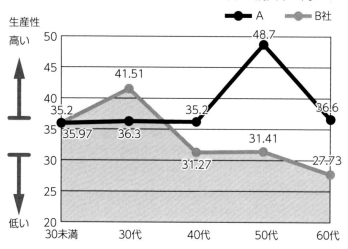

CHAPTER 7

健康経営の取り組み
（参考資料）

ロコモ度判定

　公益社団法人日本整形外科学会は、この度、ロコモティブシンドロームの段階を判定するための臨床判断値を新たに策定しました。

　ロコモティブシンドローム（和名：運動器症候群／略称：ロコモ）は、骨・関節・筋肉・神経といった運動器の障害により移動機能の低下をきたした状態を言います。進行すると介護が必要になるリスクが高くなります。予備軍を含めると国内で4700万人にロコモの危険性があると言われており、2025年にはいわゆる団塊世代が75歳を超え、国民の5人に1人が後期高齢者になると推計されています。運動器を長持ちさせるためのロコモ対策はわが国の喫緊の課題となっています。

＜ロコモティブシンドローム臨床判断値と判定法について＞

　①下肢筋力、②歩幅、③身体状態・生活状況の3項目から成る「ロコモ度テスト」の計測結果から、各項目における臨床判断値を用いて、ロコモの進行状況を「ロコモ度1（ろこもどいち）」、「ロコモ度2（ろこもどに）」と判定します。「ロコモ度1」は、移動機能低下が始まっている段階、「ロコモ度2」は、生活は自立しているが移動機能の低下が進行している段階です。段階に応じて、運動や食事の指導、整形外科専門医受診の必要性などが分かります。「ロコモ度テスト」を活用することで、一般の方もご自身でロコモ度を判定できます。

「ロコモ度1」

　専門医などの専門家が、移動機能低下が始まっていると判断する段階です。「立ち上がりテスト」はどちらか一側の脚で40

cmの高さから立つことができない、「2ステップテスト」の値は1.3未満、「ロコモ25」の得点は7点以上、の状態です。年齢に関わらず、これら3項目のうち、ひとつでも該当する場合、「ロコモ度1」と判定します。

「ロコモ度1」は、移動機能の低下が始まっている状態です。「ロコモ度1」と判定された人は筋力やバランス力が落ち始めてきているので、ロコトレ（ロコモーショントレーニング）を始めとする運動を習慣づける必要があります。また、十分なたんぱく質とカルシウムを含んだバランスのとれた食事をとるように気をつけましょう。

「ロコモ度2」

　整形外科専門医などの専門家が、移動機能の低下が進行していると判断する段階です。「立ち上がりテスト」は両脚で20cmの高さから立つことができない、「2ステップテスト」の値は1.1未満、「ロコモ25」の得点は16点以上、の状態です。年齢に関わらず、これら3項目のうち、ひとつでも該当する場合、「ロコモ度2」と判定します。

「ロコモ度2」は、移動機能の低下が進行している状態です。「ロコモ度2」と判定された人は、仮に現在は生活に支障を感じていなくても、生活に支障が出てくる可能性が高くなっています。特に痛みを伴う場合は、何らかの運動器疾患が発症している可能性もありますので、整形外科専門医の受診をお勧めします。

健康経営の取り組み事例

　経済産業省と東京証券取引所は共同で、従業員の健康管理を経営的な視点から考え、戦略的に取り組んでいる企業を「健康経営銘柄」として選定いたしました。本取り組みは、日本再興戦略に位置づけられた「国民の健康寿命の延伸」に対する取り組みの一環として実施しています。

　アサヒグループホールディングスの中核事業会社であるアサヒビールでは、安全と健康を基盤とした、心身共に活き活きとした職場づくりを経営課題のひとつとしており、健康は全ての土台であり、疾病予防ならびに心身の健康全国主要拠点に保健師を配置し社員の健康フォロー体制の整備を進めています。
- 人間ドック受診対象年齢を拡充させ、疾病の早期発見
- 早期治療の促進をしています。
- 全社的なストレスチェックを7年前から実施しメンタルヘルスの取組を強化しています。
- 全国主要拠点で精神科医と顧問契約を行い社員の個別フォローやメンタルヘルス教育を強化しています。

　東レでは、企業行動指針に「安全・防災・環境保全を経営の最優先課題とし、社会と社員の安全と健康を守り環境保全を積極的に推進しますと示し、社員の健康保持・増進を重要なテーマとして位置づけています。
- 適正飲酒の啓発活動を進めています（社員飲酒ルールの制定、社外での適正飲酒セミナーの開催、小学校への未成年飲酒防止教育ツールの開発と無償提供等）。
- 毎年、健康施策を様々な事業所で企画・実施しています（体

力測定、各種セミナー、卒煙支援、社員食堂での整腸剤の無償提供等)。

2013年度健康保険組合の一人当たり医療費は、2010年度比で6.5%減少しました。また、傷病休職者数が33%減少しました。ストレスチェックの結果、個人の要フォロー対象者は世間水準よりも少なく、組織診断としても毎年最良とされる「いきいき状態」という結果を得ています。

ローソンでは、「社員の健康は企業の資産である」と位置づけ、組織として従業員の健康を守る取組を行っています。また、お客様の健康に貢献することを目的に、社長を委員長とした社内組織「健康ステーション推進委員会」を設立しました。お客様を健康にするために「まずは社員が健康に」をスローガンに健康経営を推進しています。

具体的には、2012年10月に「健康アクションプラン」を策定。従来は社員個人に任せていたリスクの把握、健康管理・改善に組織として関与。健康診断の受診を勧奨し、未受診者とその上司には賞与を減額する等のディスインセンティブを課しました。同時に、人事部門・健康保険組合が外部のヘルスケア関連企業((株)タニタ・(株)ミナケア等)と連携し、高リスク保持者の日々の健康管理を開始。また、新たに開発した健康管理アプリを配布し、毎日の食事と歩数を記録、管理栄養士等の指導の元、改善を進める取組をスタートしました。取組を通じて、対象者の約6割に、BMI値、腹囲、血圧、HbA1cなどの改善効果が出ています。

2015年度は、日々の健康管理の記録や、運動、各種健康セミナーへの参加などに対し最大1万ポイント(1ポイント1円)

を付与する「ローソンヘルスケアポイント」を導入する予定です。

　三菱ＵＦＪフィナンシャル・グループでは、CSRレポートにて「従業員の健康促進」を明文化し、「従業員満足度の向上は仕事に反映され、お客様評価の向上につながる」「仕事の充実は社会や家庭に反映され、地域や社会への貢献につながる」という考えのもと、従業員の声を活かした、より働きがいのある職場づくりを目指しています。三菱東京ＵＦＪ銀行では、本館、名古屋、大阪の3ヶ所に「健康センター」を設け、産業医・看護職が常駐し、定期健康診断の結果に基づくフォロー健診や保健指導、過重労働面談などで従業員の健康管理を行うほか、歯科健診や30歳時の健康教育研修、「健康センターだより」の発行などを通じて、啓発活動も行っています。中でも30歳時の健康教育研修（フィットネス30）は丸一日かけ、健康診断、専門スタッフによる運動機能指導、体力測定、口腔衛生指導、栄養指導、カウンセラーによる心の健康についてのグループワークなどを実施しています。また、営業拠点などへの巡回健康相談を実施し、職場環境の把握と改善に努めています。なお、本館・名古屋・大阪の3ヶ所に「健康相談室」を設置し、医師やカウンセラーとの連携を図りながら、従業員のメンタルヘルスの対応を行っています。新任次課長研修をはじめとした各種研修でメンタルヘルスの研修を実施するとともに、毎月1回「健康相談室だより」を発信してメンタルヘルスに役に立つ情報を提供するなど啓発活動も積極的に行っています。主な成果として、フィットネス30や保健指導の取組が奏功し、適正体重維持者率、メタボリックシンドローム該当者率の比率の改善がみられています。

外食の種類別脂質を抑えるコツをご紹介します。

　和食は、他の料理に比べると全体的に脂質控えめでお勧めです。
- 揚げ物は避け、焼き物や煮物中心のメニューを選ぶ
- 野菜の煮物や、お浸しを一品追加して注文する
- 肉料理は脂質の少ないもも肉、ヒレ肉、鶏肉（皮なし）を選びましょう。

和定食

〈脂質が多いメニュー〉
とんかつ定食　ごはん　とんかつ　浅漬け　みそ汁

エネルギー（kcal）	たんぱく質（g）	脂質（g）	塩分（g）
849	30.8	39.1	3.2

〈脂質少ないメニュー〉
ごはん　アジ塩焼き　きゅうりとわかめの酢の物　みそ汁

エネルギー（kcal）	たんぱく質（g）	脂質（g）	塩分（g）
541	30.6	9.3	4.1

中華定食

〈脂質が多いメニュー〉
半チャーハン　ぎょうざ　わかめスープ

エネルギー（kcal）	たんぱく質（g）	脂質（g）	塩分（g）
854	30.7	34.2	5.1

〈脂質少ないメニュー〉
ライス　八宝菜　わかめスープ

エネルギー（kcal）	たんぱく質（g）	脂質（g）	塩分（g）
531	20.7	14.7	3.3

出典：国立健康・栄養研究所

代表的なメニューのエネルギーです。調理法や量によって差がありますので、目安としてご覧ください。

うどん・そば

ざるうどん	361kcal
きつねうどん	464kcal
カレー南蛮うどん	601kcal

和定食

豚カツ定食	910kcal
アジの塩焼き定食	480kcal
サバのみそ煮定食	687kcal

どんぶり物

海鮮丼	622kcal
海老天丼	745kcal
うな重セット	984kcal

中華・ラーメン

レバにらいため定食	560kcal
麻婆豆腐定食	648kcal
ラーメン	443kcal

すし

江戸前にぎり	518kcal
江戸前ちらし	667kcal
いなりずし(2こ)	206kcal

洋定食

ハンバーグ定食	712kcal
ミックスフライ定食	855kcal
ビーフシチュー定食	1025kcal

実務におけるストレスチェックの運用と課題

　心の健康の保持増進としては、2000年8月に「事業場における労働者の心の健康づくりのための指針」が示されました。2005年の労働安全衛生法の改正を受けて、この指針は廃止され、2006年3月31日、新たに第70条の2第1項に基づく健康保持増進のための指針公示第3号として「労働者の心の健康の保持増進のための指針」が示されました。さらに、平成26年6月25日に公布された労働安全衛生法の一部を改正する法律により、ストレスチェックと面接指導の実施等を義務づける制度が創設されました。

　今回新たに導入されるストレスチェック制度は、定期的に労働者のストレスの状況について検査を行い、本人にその結果を通知して自らのストレスの状況について気付きを促し、個人のメンタルヘルス不調のリスクを低減させるとともに、検査結果を集団ごとに集計・分析し、職場におけるストレス要因を評価し、職場環境の改善につなげることで、ストレスの要因そのものも低減させるものであり、さらにその中で、メンタルヘルス不調のリスクの高い者を早期に発見し、医師による面接指導につなげることで、労働者のメンタルヘルス不調を未然に防止する取組です。　　　　　　　　　　　　（平成27年12月1日施行）

※ストレスチェックとは、事業者が労働者に対して行う心理的な負担の程度を把握するための検査をいいます。
　常時使用する労働者に対して、ストレスチェックを実施することが事業者の義務となります。
※従業員数50人未満の事業場は、当分の間努力義務となります。

※ストレスチェックの実施の頻度は、1年に1回となる予定です。

精神障害の労災請求件数が1409件と過去最多

厚生労働省　労災補償状況推移より2014年6月

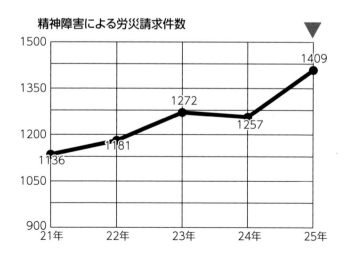

精神障害による労災請求はどの業種でも行われていること、特に医療業、福祉、サービス業では多くの請求が行われているということがわかります。
　つまり、従業員のメンタルヘルスは大きな社会問題であるとともに、企業としても対策が迫られている問題でもあるのです。

精神障害の請求件数の多い業種

	業種	請求件数
1	社会保険・社会福祉・介護	140
2	医療業	95
3	道路貨物運送業	84
4	サービス業	64
5	小売業	51
6	情報サービス業	48
7	電気機械器具製造業	47
8	輸送用機械器具製造業	39
9	学校教育	37
10	その他のサービス業	36

ストレスチェックと面接指導の実施に係る流れ

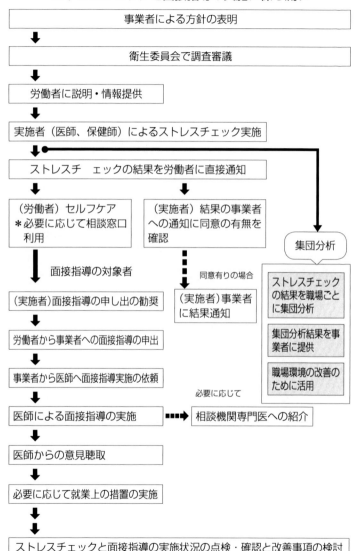

高ストレス者を選定するための方法

＜基本となる考え方＞

次の１及び２に該当する者を高ストレス者として選定します。

1.「心身のストレス反応」に関する項目の評価点の合計が高い者
2.「心身のストレス反応」に関する項目の評価点の合計が一定以上であり、かつ「仕事のストレス要因」及び「周囲のサポート」に関する項目の評価点の合計が著しく高い者

上記１及び２に該当する者の割合については、以下の評価基準の例では概ね全体の10％程度としていますが、それぞれの事業場の状況により、該当者の割合を変更することが可能です。

【概念図】
ア又はイのいずれかに該当する者を高ストレス者と評価する。
※調査票の項目中、満足度に関する回答は評価に含みません。

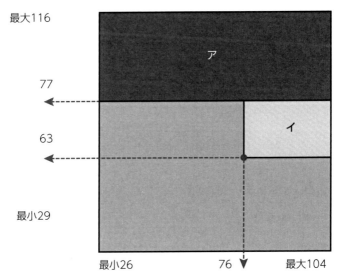

職業性ストレス簡易調査票（57項目）を使用する場合の評価基準の設定例

ア．「心身のストレス反応」（29項目）の合計点数（ストレスが高い方を4点、低い方を1点とする）を算出し、合計点数が77点以上である者を高ストレスとする。

イ．「仕事のストレス要因」（17項目）及び「周囲のサポート」（9項目）の合計点数（ストレスが高い方を4点、低い方を1点とする）を算出し、合計点数が76点以上であって、かつ、「心身のストレス反応」の合計点数が63点以上である者を高ストレスとする。

6つのストレス反応の尺度の中では、「活気の低下」は比較的低いストレスレベルでも認められ、次に「身体愁訴」や「イライラ感」や「疲労感」、ついで「不安感」が続き、「抑うつ感」が最も高いストレスレベルでみられる症状であることが、調査票の開発時に労働省委託研究班により報告されています。したがって、労働者のより深刻なストレス問題を観察する場合には「抑うつ感」に着目し、該当する労働者に注意していく必要があるでしょう。

調査票の実施や評価にあたっての留意点

職業性ストレス簡易調査票は、自記式の調査票であり、使用にあたっては以下のような点を理解し、注意したうえで活用していく必要があります。

①職業性のストレス調査票であり、仕事外のストレス要因等、たとえば家庭生活におけるストレス要因などについては測定

していません。

②回答者のパーソナリティについて考慮されていません。評価にあたっては、自記式の調査票にみられる個人の回答の傾向について、考慮する必要がある場合があります。

③調査時点のストレス状況しか把握できません。

④結果が、必ずしもいつも正確な情報をもたらすとは限りません。以上のような理由のため、調査票のみで、個人のストレス状況を判断することのないようにしましょう。

出典：職業性ストレス簡易調査票を用いたストレスの現状把握のためのマニュアル―より効果的な職場環境等の改善対策のために―
平成14年～16年度厚生労働科学研究費補助金労働安全衛生総合研究【職場環境等の改善によるメンタルヘルス対策に関する研究】主任研究者：東京医科大学衛生学公衆衛生学　下光輝一

ストレスチェック制度取り組みの段階

　平成 27 年 12 月にストレスチェック制度が導入されますが、企業によって取り組み方の段階は以下のように異なることが予想されます。法令遵守で終わればただのコストですが、人材の確保としての投資と考えることが重要です。

A 社
法改正に対応した最低限の取り組み

➡ **法令遵守**
- ストレスチェックの実施
- 医師面接の実施
- 記録保持

B 社
コストでなく、有効な投資としたい。
不調者の予防をやりたい

➡ **発症者ゼロ**
- ストレスチェックの実施
- 医師面接の実施
- 外部相談窓口の設置
- 定期的な研修・教育
- ストレスチェック精度の向上（偽陽性、偽陰性チェック）
- PDCA が定着する体制

C 社
従業員、組織が健康的で生産性の高い企業を目指した対策をしたい

➡ **活躍する社員を増やす**
- ストレスチェックの実施
- 医師面接の実施
- 外部相談窓口の設置
- 組織分析、職場環境改善施策
- ストレスチェック精度の向上（偽陽性、偽陰性チェック）
- PDCA が定着する体制
- 健康増進を支援する仕組みを導入
- ワーク・エンゲージメントを高める（活躍する社員を増やす）企業分析と施策

メンタルヘルス不調の発生に深くかかわっているとされているのが、労働時間です。そこで、1週間の総労働時間との関係をみると、「90時間以上」で不調を感じた割合が37.5%と最も高く、次いで「70～79時間」で30.4%など、長時間労働をしている人で、全体（25.8%）の割合を大幅に上回っています。

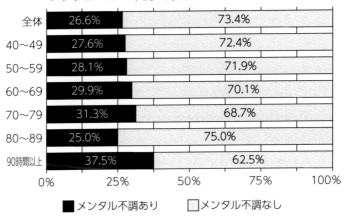

メンタルヘルスに不調を感じた人は、具体的にはどの程度の不調だったでしょうか。

不調を感じた人（無業者含む全数）のうち、大多数の76.5%は「通院治療なしでも、日常生活を送れる状態」で、「通院治療しながらなら、日常生活を送れる状態」なのが16.2%、「通院治療しながらでも、日常生活を送るのが困難な状態」が3.3%となっている。つまり、不調を感じた人の2割程度で通院治療を必要としていました。

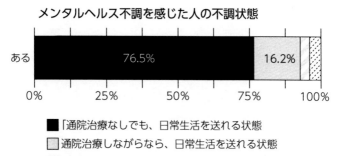

出典:独立行政法人　労働政策研究・研修機構が2014年調査

ストレスチェックの結果高ストレスと判定されて、面接指導の申し出をする従業員はどのくらいいるのか？

　医師の面接を受けたくない理由　医師の面接を受けたくない者の理由は、全体の77.5％が「会社に結果が知られると就業上の不利益につながりそうだから」で"ややそう思う"又は"とてもそう思う"と回答しました。同様に、44.9％が「自分で病院などへ行くから」、34.2％が「ストレスが高いと判定されても特に問題は感じないから」であった。

　ストレス者で医師の面接を希望しないものが抱く懸念としては、就業上の不利益に関するものが最も割合が大きいことが示されました。また面接を希望しない者が女性と非管理職において多くみられました。

　よって、まず情報の取扱いについては慎重に行い、ストレスチェック実施時には情報の流れについて広く周知することが重要であると考えられます。ただし、自分で病院へ行く、特に問題は感じないという回答に対しても3割〜4割の者が理由と

して賛成していることから、面接を希望しない背景は多様な観点が存在することが示唆されます。

高ストレス者においては、面接を受けたくなくてもストレスの高さには問題を感じる者が多いことが明らかになりました。

このような者をどのような方法で把握し対処するかは今後の課題であるといえます。

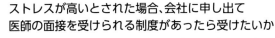

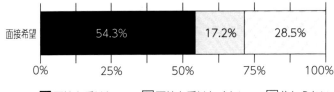

ストレスに関連する症状不調の確認項目の試行的実施（調査研究）
（平成23年6月　労働安全衛生総合研究所実施。労働者4,000名対象、有効回答者2,605名）

—従業員1,000人の会社がストレスチェック実施した場合で、シミュレーションしてみました。高ストレス者10%としていますが、生活関連サービス26％、運輸18％と業種、性別により大きな違いがあります。業種や性別によりカットオフ値を考慮する必要があります。

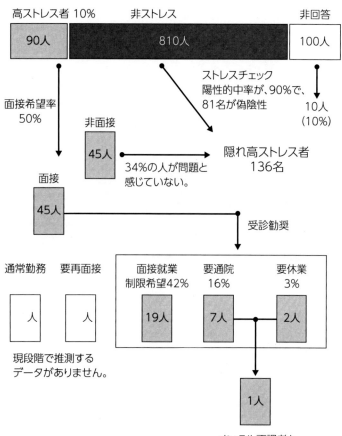

『ストレスに関連する症状不調の確認項目の試行的実施（調査研究）、独立行政法人「労働政策研究・研修機構2014年調査の』結果をもとに作成しています。

ストレスチェック集団分析例

次予防を主な目的とする制度の趣旨を踏まえれば、セルフケアと同様に、職場環境の改善も重要であり、事業者においては、個人のストレスチェック結果を集団的に分析し、その分析結果に基づき必要な職場環境の改善の取組を行うべきですが、現時点では集団的分析が広く普及している状況にはなく、手法が十分に確立・周知されている状況とも言い難いことから、まずは集団的分析の実施及びその結果に基づく職場環境の改善の取組を事業者の努力義務とし、その普及を図ることが適当。

「平成26年12月17日厚生労働省労働基準局安全衛生部」

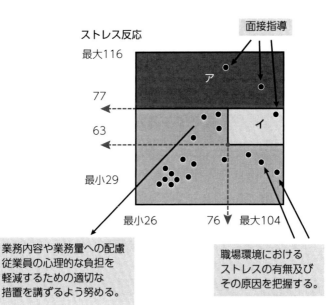

ストレス要因と周囲のサポート

ストレスチェック制度の課題

ストレスチェック制度として、50人以上の事業場を持つ企業は、以下の三つのステップを実施することになります。これらの流れについては以下の流れが厚生労働省から公表されています。

ステップ1
労働者の心理的な負担の程度を把握するための、医師または保健師による検査（ストレスチェック）を受ける機会を希望する労働者に提供すること。

ステップ2
事業者は、（問題ありとの）検査結果を通知された労働者の希望に応じて医師による面接指導を実施すること。

ステップ3
その結果、医師の意見を聴いた上で、必要な場合には、作業の転換、労働時間の短縮その他の適切な就業上の措置を講じること。

ストレスチェック制度導入検討において、専門家から示された懸念の理由としては、以下のようなものがあります。

- スクリーニングの精度や技術的な困難、効果の不明確さ
- 検査結果を生かす対策がわずかであり、十分な対策（資源）が未整備
- ストレスチェックの結果を労働者に直接通知することの懸念（個人管理であることの心配）
- 対応する産業医や専門医のリソースの不足
- "高ストレス状態"との判定への不合理なレッテル
- メンタルヘルス不調への差別や偏見の助長
- 多くの事業場で事後措置が不十分である可能性
- 適切な就業上の配慮が行われないという心配
- 職場単位の評価で管理職が悪者とされる可能性
- 費用対効果の根拠が不明確なのに、負担を強いられる企業側の責任が強化されすぎる面また人事担当者、管理職にとって対応の困難な事態も考えられます。
- 会社として本当に必要だと思われる仕事をさせられない労働者がたまっていく
- その結果、問題がない労働者により仕事が集中する
- その結果、個人としても、職場としても生産性が下がる
- 意図的に特定の業務や職場を忌避するためにこの制度を逆手に取る労働者が出てくる

出典：労政時報　法的義務となるストレスチェック制度

出典

JMA2008年経営革新提言 平成19年版国民生活白書」(内閣府)

横浜市(2013)「横浜市景況・経営動向調査第87回(特別調査)」、ヘルスケア・コミッティー株式会社・株式会社日本政策投資銀行・株式会社電通(2013)「健康経営センサス調査」

会社と社会を幸せにする健康経営・川渕・河野(2010)

健康投資に積極的な企業(厚生労働省「健康寿命を伸ばそうアワード受賞企業」、日本政策投資銀行「健康経営格付融資先企業」における東証一部上場企業)のインデックスと、2009年4月～2014年9月の5.5年間のTOPIX推移とを、2009年4月1日終値を100として比較を行った。(出所)日本総合研究所作成

ヘルス&プロダクティビティ・マネージメント研究所所長兼CEO ショーン・サリバン Sean Sullivan IHPMによる「価値創出のための健康(VBH)戦略」の最高責任者。ヘルス&プロダクティビティ・マネージメントの共同創設者およびマネージド・ヘルスケア・エグゼクティブ誌の編集委員。ハーバード大学(経済学)とスタンフォード大学(法学)にて学位を取得。前全米企業健康連合の会長兼CEO。

島津明人:東京大学大学院医学系研究科精神保健学分野ポジティブ心理学:ワーク・エンゲージメントの視点から"産業ストレス研究 16.131-138(2009)産業ストレス研究 16.131-138

基礎医学委員会・健康・生活科学委員会合同パブリックヘルス科学分科会

[1]World Health Organization Commission on Social Determinants of Health. Closing the gap in a genera- tion: health equity through action on the social determinants of health. Final Report of the Commission on So- cial Determinants of Health. World Health Organization: Geneva, 2008.

[2] 守島基博、『人材の複雑方程式－日経プレミアシリーズ』、日本経済新聞出版社、東京、2010.

[3] 守島基博、『「職場寒冷化」と働く人のメンタルヘルス─経営学の視点から─』、学術の動向 2014;19(1):66-69.

[4]Luthans F, Youssef CM. Human, social, and now positive psychological capital management: Investing in people for competitive advantage. Organizational Dynamics 2004; 33 (2): 143-160.

S.J.W. Robroek Workplace health promotion: participation and effects. 2011 Supervisor: Prof.dr. A. Burdorf Erasmus MC, Rotterdam, the Netherlands;

厚生労働省「健康意識に関する調査 2014 年」

厚生労働省「国民健康・栄養調査結果 2012 年」

国立健康・栄養研究所 2010 年

群馬県中之条町の 65 歳以上の全住民である 5000 人を対象とした長期研究 200 年より実施

厚生労働省が推進する国民健康づくり運動『健康日本 21』

厚生労働省　e-ヘルスネット

米ジョウボーン世界 45 都市のユーザー数十万人のデータから分析（2014 年 8 月 15 日）

総務省統計局人口推計（平成 25 年 10 月 1 日現在）

[徳力] 凡才の集団は孤高の天才に勝る「グループ・ジーニアス」（キース・ソーヤー）

健康寿命延伸産業創出推進事業　平成 26 年度

エンゲージメント革命―フラストレーションから社員を解放する

不眠・睡眠トラブルがもたらす社会的・経済的損失の実態　2007 年　日本大学（医）精神神経医学教授　内山　真

在日米国商工会議所（ACCJ）健康維持に関する意識調査を基に　疾病による経済的損失額を試算　2011 年

「健康経営の啓発と中小企業の健康投資増進に向けた実態調査」調査概要及び中間報告平成 27 年 10 月 29 日　第 8 回健康投資WC　経済産業省　商務情報政策局　ヘルスケア産業課

おわりに

　企業にとっては、自社だけでは、何が問題か分からない、何をやればいいのか分からない。そこで「健康度調査票」を使って、外部からの評価の視点が入ることによって、明確になります。
　さらに他の会社の話を聞いて「うちはまずいぞ」という意識も持つ。参加者同士が、「健康」というテーマでしのぎを削ることで相乗効果が得られます。
　あいちヘルスアップコンソーシアムに、企業がこれだけの数集まるようになったのは、共感してくれる企業が一社一社増えてくれた、それに尽きます。ただ、おもしろいのは、私は30年以上産業医をやっていて、私が産業医として毎月訪問している企業同士が、これまで一切交流がなかったのが、ヘルスアップコンソーシアムが出来てから、交流が始まったことです。
　従業員を健康にしたいという想いをそれぞれがもともと持っていて、コンソーシアムができ、それぞれの企業のベクトルがコンソーシアムを通じて具体化して、ベクトルとして一致した、そんな状況だと思います。地域でやる、草の根運動でボトムアップしていくことが大事です。

　特に、中小企業の場合は、地域のコミュニティの中で存在しています。従業員かつ住民という考え方に立つと、地域・職域という言い方はおかしくなります。コミュニティケアという考え方に立てば、愛知県に限らず、いろんな地域で同じ取り組みができると思います。まず愛知県で成功して、他の地域に広がって、それが全国規模になっていく。そうすれば国民がみんな健康になると思っています。参加資格は、意識だけです。

意識さえあれば、企業だろうと、自治体だろうと、医師会だろうと、個人だろうと、どんな立場でも参加できます。このようなコンソーシアムは他にはないと思います。

　ヘルスケア関連ビジネスを展開している側も、コンソーシアムに参加することで、企業の人事担当者、労安担当者、保健師等がどのような意識をもって、どういう取り組みを行っているか Face to Face で知ることができます。

　現在企画中、研究中の製品についても、定例会で紹介し意見を聞く事もできますし、さらに、参加企業が興味を示せば、トライアルなど実施例もあります。
　より良い製品の開発には、このような仕組みはとても有効と評価していただいてます。
　ヘルスケアシステムやツールを提供するだけでなく、自分達の会社の健康経営の視点も取り入れることができます。
　将来的には、従業員の健康増進が企業の中長期経営計画の一つの柱として確立やし、健康監査、ＩＳＯのような認証などの社会的な価値化などができればと思っています。

　コンソーシアムで重要な他者との出会いがあり、互いに尊重される場であることで、測定や観察で終止せず、互いに情報を共有し協力しあうことができる継続的な PDCA をまわすフィールド研究が可能となりました。
　掲載したデータが、健康経営はじめの一歩に役立てれば幸いです。これからも企業健康度調査結果を指標化、定式化する研究を推進したいと思います。

愛知県立大学　看護学部　教授
　　　　　　　　　　　　　　　　岡本　和士

あいちヘルスアップコンソーシアム研究主幹
国立健康・栄養研究所　健康増進研究部　協力研究員
松下電工創研　　　　専任講師
　　　　　　　　　　　　　　　　高山　光尚

■ **岡本　和士**（おかもと かずし・OKAMOTO KAZUSHI）

愛知県立大学看護学部公衆衛生学・疫学　教授
愛知県豊橋市出身
1970年3月に時習館高等学校を卒業後、同年4月愛知医科大学に入学
1981年3月に愛知医科大学を卒業後、同年4月愛知医科大学公衆衛生学教室に入局
1995年愛知県立看護大学に助教授で転任　2002年同大学教授
その後愛知県立大学との統合後、愛知県立大学看護学部教授として現在に至る。嘱託であるが現在、数社の産業医として従業員のメンタルを含む健康の保持・増進に取り組んでいる。
〈**専門分野**〉産業保健、メンタルヘルス、健康管理
2015年　あいちヘルスアップコンソーシアム 代表

■ **高山　光尚**（たかやま みつなお・TAKAYAMA MITSUNAO）

大阪出身
1977年　都島工業高校　工業化学科
1977年　中央臨床医学検査研究所
1990年　university of colorado　Health science center
1996年　日本医学システム　執行役員
2000年　松下電工創研　専任講師
2001年　国立健康・栄養研究所 協力研究員　日本事務器㈱　コンサルタント　兼務
2015年　あいちヘルスアップコンソーシアム 研究主幹

〈**専門分野・業績**〉臨床検査・地域、職域における健康増進

- ◆ 【**通産省　産業・社会情報化基盤整備事業介護保険に係わるサービス事業者事業基盤強化のためのネットワークシステム構築**】
- ◆ 【**経済産業省ICカードの普及等によるIT装備都市研究事業実証事業**】
- ◆ 『**特許出願**』
  健康目標管理システムおよび健康目標管理システム用プログラム
- ◆ 『**特許出願**』
  NECと共同出願　利用者に最適な介護用品・サービスの選択ロジック
- ◆ **イトーヨーカ堂**
  健康フェアー実証実験（農林水産省事業ニュースリリース）
- ◆ **経済産業省**
  健康寿命延伸創出推進事業　青森健康増進コンソーシアムにて企業の健康度判定（20社：2000人規模）

はじめの一歩は自社を知る事
～企業の健康度を見える化し職場を活性化～　健康経営はじめの一歩

2016年8月7日発行

著　者　岡本和士、高山光尚
発行所　学術研究出版／ブックウェイ
　　　　〒670-0933　姫路市平野町62
　　　　TEL.079 (222) 5372　FAX.079 (223) 3523
　　　　http://bookway.jp
印刷所　小野高速印刷株式会社
　　　　©Kazushi Okamoto, Mitsunao Takayama 2016,
　　　　Printed in Japan
　　　　ISBN978-4-86584-180-0

乱丁本・落丁本は送料小社負担でお取り換えいたします。

本書のコピー、スキャン、デジタル化等の無断複製は著作権法上での例外を除き禁じられています。本書を代行業者等の第三者に依頼してスキャンやデジタル化することは、たとえ個人や家庭内の利用でも一切認められておりません。